14. Juli

Éric Vuillard

14. JULI

Aus dem Französischen
von Nicola Denis

 Matthes & Seitz Berlin

Die Folie Titon

Eine *folie* ist ein Lusthaus, Architektenlaune und fürstliche Extravaganz. Ihre leichte, zierliche Anmutung, die ausschweifenden Lichter hinter den zahllosen Fenstern künden von der bürgerlichen Herrschaft des Zweitwohnsitzes. Sie ahmt die Villen Palladios nach: Vitruv für Unternehmer, Alberti für Vorarbeiter. Doch von all den französischen *folies*, die man im Burgund und im Bordelais, in der Nähe von Montpellier und an den Loire-Ufern baute – exzentrische Pavillons, schmucke Gärten mit ihren Magnolieninseln und Mooshöhlen, in deren Alleen sich Schwärme von Sonnenschirmen verteilten –, war es die Folie Titon, die in den letzten Stunden des Ancien Régime wirklich von sich reden machte. Sie erlebte ihre Sternstunde, als von ihrem Garten aus erstmals in der Weltgeschichte eine Montgolfière mit zwei Passagieren an Bord aufstieg. Das Papier, das den Ballon umhüllte, stammte aus der Manufaktur Réveillon, die in der Folie Titon im Pariser Bourg Saint-Antoine ansässig war. Ihre zweite Sternstunde war auch schon die letzte. Am 23. April 1789 wendet sich Jean-Baptiste Réveillon, Eigentümer der Königlichen Tapetenmanufaktur, an die Wahlversammlung seines Bezirks und fordert eine Senkung der Löhne. In seiner Fabrik in der Rue de Montreuil sind mehr als dreihundert Menschen angestellt. Ungezwungen und erstaunlich freimütig erklärt er, die Arbeiter könnten sehr wohl mit fünfzehn Sous statt mit zwanzig pro Tag auskommen, ja, manche hätten bereits *eine Taschenuhr* und seien bald wohlhabender als er. Réveillon ist der König der Tapeten, er exportiert in die ganze Welt, aber die Konkurrenz ist rege; er möchte, dass seine Arbeitskräfte ihn weniger kosten.

Marie-Antoinette hatte diese Mode lanciert und ließ ihr

Boudoir damit auskleiden: Amor, der unter einem Blumenbaldachin eine Taube an sich drückt, bogenschießende Putten, Grotesken, Pastoralen, Singerien. Die Mode der mit Schablonen und Pinseln großartig bemalten Tapeten hatte in ganz Europa Verbreitung gefunden; und so erwog Jean-Baptiste Réveillon zwischen zwei rauschenden Festen, während er mit leichter Hand seine himbeermusfarbene Weste blähte und sein cremefarbenes Einstecktuch zurechtzupfte, in Anbetracht des harten Konkurrenzkampfes ernsthaft die Senkung seiner Löhne.

Doch das Volk hatte Hunger. Die Kornpreise waren gestiegen, die Weizenpreise waren gestiegen, alles war teuer. Und nun machte auch Henriot, Salpeterfabrikant, die gleiche Ankündigung. In den Vororten begann es zu gären. Abends traf man sich in der Schenke, schrie, schimpfte und schlürfte sein Gläschen, während man sich fragte, ob man die Miete noch lange würde bezahlen können. Alle waren aufgewühlt und in Sorge. Die Nacht vom 23. April 1789 war eine lange Nacht des Palavers, der Klagen und der Wut.

Es war kurz vor der mehrmals aufgeschobenen Eröffnung der Generalstände. Man demonstrierte. Einen Tag, zwei, vergebens. Réveillon und Henriot glaubten wohl, dass sie sich umbesinnen, dass sie zwischen zwei kräftigen Zügen Wein und zwei Brocken Brot die Pille schlucken würden – es gab ja keine Wahl! –, und dass bald alle wieder frühmorgens vor ihren Maschinen knien und um ihr Leben schuften würden – denn leben muss man nun mal! –, man kann sich schließlich nicht ewig auf der Place de Grève die Seele aus dem Leib brüllen. Doch der Protest hörte nicht auf.

Eine große Hungersnot wütete in Frankreich. Die Leute verreckten. Die Ernte war schlecht gewesen. Viele Familien bettelten um ihren Lebensunterhalt. Überall wurden Körnertransporte überfallen, Kornspeicher geplündert, Lager ausgeraubt. Man warf Steine in die Scheiben, zerschlitzte die Fässer mit dem Messer. Es hatte Hungeraufstände in Besançon gegeben, in Dax, in Meaux, in Pontoise, in Cambrai, in Montlhéry, in Rambouillet und Amiens. Überall waren Staatsbeamte beleidigt, ihre Paläste belagert und Soldaten verwundet worden. Es war ein Volk der Frauen und Kinder, das aufbegehrte. Auch ein Volk der Arbeitslosen. Auf sechshunderttausend Einwohner von Paris kamen achtzigtausend arbeits- und mittellose Seelen. Und so regte es sich in den Elendsbehausungen, man war von den Debatten und von der Wahl im Vorfeld der Generalstände ausgeschlossen worden, man sah deutlich, dass es nicht viel zu hoffen gab, dass sie einem nichts lassen würden als die Kälte des kommenden Winters und die Teuerung; die Sache würde unter anständigen Leuten ausgemacht werden.

Am Nachmittag des 27. sickerte die Menge langsam aus Saint-Marcel, verlangte Brot zu zwei Sous und schrie: »Tod den Reichen!«. Vor das Hôtel de Ville wurden zwei Puppen geschleift, eine für Réveillon, die andere für Henriot; man verbrannte sie. Henriots Kopf verkohlte unter den Straßenlaternen, der Rauch stieg zu den Fenstern auf und verfing sich im Laubwerk. Man weinte. Die Staatsbeamten standen verängstigt hinter den Vorhängen. Aus der Asche war schon Schlamm geworden. Die Gardes françaises rings um den Platz waren bewaffnet. Mit in der Luftpampe verzerrten Mündern keiften die Frauen ihnen in die Visage, man dürfe vor Hunger nicht verrecken. Die Soldaten schoben sie sanft zur Seite und forderten sie auf, nach Hause zu gehen. Und da nahm alles seinen Anfang. Zuerst stürzte man in die Rue de Cotte, wo Henriots Anwesen verwüstet wurde. Als die große Tür kaputt war, einzelne Stücke hingen noch in den eisernen Angeln, fiel man kreischend ein. Die Frauen stürzten in die Küchen und klaubten Körner oder Mehl in ihre Röcke, die Männer schnäuzten sich in die Wandbespannungen, die Kinder pinkelten im Krötensitz unter die Tische, die Menge strömte baff durch die Räume und rollte Weinfässer vor sich her, lief durch das Feuer, das um sich gegriffen hatte, bespuckte die Porträts, strauchelte und watete durch einen unerhörten Luxus, der sich gerade selbst zerstörte, schabte die Schubladen aus, harkte durch Wand- und Kleiderschränke und durch den Keller. Aber das reichte nicht.

Seit jeher lebt man in Häusern aus Stampflehm und Brettern, mit einem durchgesessenen Stuhl, ohne Feuer, schlechtes Brot im Mund. Und die Wut steigt so, wie die Löhne fallen. Im Laufe des 28. breitet sich der Aufstand aus. Man kommt aus allen umliegenden Vierteln, sogar vom anderen Seine-Ufer. Unterwegs zieht man die Flößer mit, die Bettler, die unter den Brücken schlafen; und am Abend erzwingt man sich erfolgreich den Eingang in die Folie Titon: Der Schweiß triumphiert über die Weinlaube, die Kanaille über die pausbäckigen Engel. Da ist sie also, die *folie,* die Folie Titon, wo sich die Arbeit in Gold verwandelt, wo das ausgelaugte Leben zu Zuckerwerk wird, wo die tägliche und mühselige Plackerei der Menschen, wo der ganze Dreck, die Krankheiten, das Gebell, die toten Kinder, die verfaulten Zähne, die verfilzten Haare, die Schwielen, die tiefen Sorgen der Seele, das grauenvolle Schweigen der Menschheit, alle Eintönigkeiten, die demütigenden Routinen, die Flöhe, die Krätze, die über den Heizkesseln versengten Hände, die im Dunkel schimmernden Augen, die Schmerzen, die Schrammen, das Rischerasche der Schlaflosigkeit, das Rascherusche des Abschaums sich in Honig, in Lieder und Miniaturbilder verwandeln.

Die Menge rennt in die Gärten der Manufaktur. Man drängt sich zwischen den zartgrünen zierlichen Hecken, überquert auf der kleinen Brücke Pont de l'Estime die Rivière de l'Inclination, bevor man zwischen den Baumgruppen im Geheimnis der Reichen gefangen ist. Einzelne Grüppchen bleiben vor dem Haus stehen, unter der prachtvollen Fassade, und empfinden für einen flüchtigen Moment ebenfalls ein Gefühl von Anmut und Gleichmaß, sind beeindruckt von dem Sinn für Proportionen und Symmetrie. Aber Ordnung und Schönheit halten nicht lange vor. Eine Art Ekel überkommt die Menge. Der Charme zieht nicht mehr, die Pracht der Folie Titon zergeht zwischen den Kieseln im Hof. Bleibt nur der Wahn, der Größenwahn, mit seinem durchlöcherten Schädel.

Ja, hier bei Réveillon driftet alles in den Luxus ab, Stoffe, Spiegel, kleines Gerät, um sich zu frisieren, zu schminken, das Haar über zierlichen Amoretten festzuzurren. Ja, aus allem lässt sich alles machen, aus der Schnur die Vorhangkordel, aus der Sichel eine hübsche Schere, aus der Unterhose der Morgenrock, und Pferdepisse verwandelt sich in eine Reihe von Flakons. Ja, hier ist die Fliege eine auf den Fenstersturz gemalte Biene, der Zieh- ein Springbrunnen, das kariesbefallene Brett ein Brunnenkranz, der zähflüssige Torf ein hübsches Parkett, die tägliche Hetzerei eine Klavierstunde, aus dem undichten Dach wird ein weiteres Stockwerk, und die Anhäufung Tausender von Hütten verwandelt sich in eine *folie*. Ja, wunderschön war sie, die Folie Titon. Doch fürs Erste sollten ihre Matratzen ihre wollenen Gedärme ausspucken und die Schuhe ihre Absätze verlieren.

Verzückt gelang es einer Menschenmenge, durch den Musselin einer Spinnwebe den Eingeweiden der Erde ein paar Flaschen zu entreißen. Es war der Nektar der Aufklärung, direkt aus dem Gärkeller von Montesquieu. Man zertrümmerte die Flaschenhälse auf den Palaststufen, trank die erlesensten Weine auf ex und schmierte sich das Maul blutig. Und wie das schmeckte! Was gibt es Besseres, als in einem Zug einen tausend Livre teuren Wein hinunterzustürzen, sich einen Château Margaux aus der Flasche in den Rachen zu kippen. Als der Gasometer gut gefüllt war, stand man in schaukelnden Latschen und mit eingemachtem Hirn schwankend wieder auf, mit Brillen aus Wurstpelle und fletschernd wie Kühe. Das unterschlagene Produkt der Arbeit will verschwendet, seine Anmut verstümmelt werden, weil alles glänzen und alles verschwinden muss.

So begann am 28. April 1789 die Revolution: Man plünderte das schöne Anwesen, man zertrümmerte die Scheiben, riss die Baldachine von den Betten und schlitzte die Wandbespannungen auf. Alles wurde kurz und klein geschlagen. Man fällte die Bäume und errichtete im Park drei riesige Scheiterhaufen. Tausende von Männern, Frauen und Kindern plünderten den Palast. Sie wollten die Kronleuchter zum Singen bringen und zwischen den Schleiern tanzen, aber vor allem wollten sie wissen, *wie weit man gehen*, was eine so riesige Menge *ausrichten* kann. Draußen eine Masse aus dreißigtausend Neugierigen. Allerdings unbewaffnet, man hat nur Stöcke und Pflastersteine. Da kommen die Gendarmen. Die Menge lässt es Beschimpfungen und Pfiffe hageln. Von den Dächern regnet es Steine und Schieferplatten. Man reißt das Pflaster aus der Rue de Montreuil. Was für eine Wonne, die Polypen mit Steinen kaltzumachen! Jede Freiheit nimmt diesen Weg. Die Kavallerie geht gegen die Menge an; im Geifer der Pferde, vor den blitzenden Säbeln weichen die Leute zurück. Da laden die Soldaten ihre Gewehre und schießen. Eine erste Salve tötet viele, die Menge drängt sich an den Wänden entlang, sucht Zuflucht, wo sie kann; vom Dach fliegen Ziegeln, Gebrüll. Doch die Gewehre sind erneut geladen – Feuer nach Herzenslust! Dutzende Tote übersäen die Straße. Jetzt verzieht man sich. Rennen, Gedrängel: ein Großreinemachen unter dem Keuchen des Himmels. Die Frauen flehen die Soldaten an, nicht zu töten, Gnade walten zu lassen! Wieder Schüsse, die Toten türmen sich, die Reiter preschen durch die Straßen, lassen die Rücken der Flüchtenden bersten. Man spricht von über dreihundert Toten und ebenso vielen Verletzten. Die Leichen wurden in die umliegenden Gärten geschmissen, auf Mistkarren gestapelt. Auch ein paar Gehängte gab es. Jene Aufständischen, die man auf die Galeeren schickte, wurden mit glühenden Eisen gebrandmarkt. Und es heißt, außer dem 10. August 1792 sei dies der mörderischste Tag der Revolution gewesen.

Die Tombe-Issoire

Die Verwüstung der Folie Titon galt als Fiasko. Man zählte jeden abhandengekommenen Türknauf, jede Kaminschaufel, jede Pinzette, das kleinste abgerissene Fitzelchen Wandbespannung, die zerrissenen Tischdecken, die aufgeschlitzten Kopfkissen, die abgesplitterten Porzellantassen, die zerfetzten Seidenjacken, den zerschnippelten Satin, die unzähligen Tuchwesten, die Negligés von Madame, die Haufen verbrannter Taschentücher – all das wurde zum Gegenstand genauer Berechnungen, ein akribisches Inventar, in dem sich die Zahlen stapeln, neuntausend Livres hier, siebentausend dort, neunzehntausend hüben und zweitausendfünfhundert drüben. Die Anzahl der Toten unter den Einwohnern des Faubourg hingegen bleibt vage und unbestimmt.

Zwei Tage nach dem Aufstand passierten Odent und Grandin, Kommissare im Châtelet, eskortiert von Docteur Soupé – schwarze Robe, die Tasche voller Skalpelle –, unter der Leitung des Pförtners der Katakomben den Türsturz der Tombe-Issoire. Sie nahmen eine trostlose Treppe, bevor sie durch das kühle Dunkel der ehemaligen Steinbrüche irrten. Endlich vor einer verriegelten Tür angelangt, verspürten sie ein gewisses Unbehagen. Dabei waren die beiden Kommissare mit Strafsachen vertraut, doch dieses finstere Labyrinth strahlte etwas Ungewöhnliches aus. Gott sei Dank dient die Institution als Rüstung, man vergisst sich hinter der Maske, ist in seinen Anzug eingegipst; und so machten sie sich, sobald die Tür offen war und sie die Leichen gesehen hatten, an die Arbeit.

Dem Protokoll zufolge, das noch am selben Abend verfasst werden sollte, waren es achtzehn Leichen von Aufrührerischen, die bei dem Réveillon-Aufstand getötet worden waren; anders gesagt: achtzehn Arbeiter aus dem Faubourg.

Die Totengräber packten sie an Armen und Beinen; die Köpfe baumelten nach hinten, die Haare fegten über den Boden. Man legte sie alle nebeneinander. Dann teilte Grandin kleine Karten mit Nummern an die Totengräber aus. In ihren groben Schuhen schwankend, beugten sie sich über die Toten und hefteten ihnen die Nummern, die sie bekommen hatten, an die Kleider. Sobald die Etiketten angebracht waren, zogen sich die Totengräber in die Nähe der Tür zurück; und die Kommissare machten sich an eine minutiöse Beschreibung der Körper.

Nummer 1 ist ein etwa fünfunddreißigjähriger Mann, sein Haar wird von einer Bandschleife zusammengehalten, er hat eine Adlernase und ein scharf geschnittenes Gesicht. Er trägt eine Jacke aus dickem Tuch, eine rote Weste mit Kupferknöpfen und ein grobes Leinenhemd; dazu eine blaue Hose und eine Zwillichschürze. Es ist jedoch weder Zweck der Visite, ein Porträt des Verstorbenen zu zeichnen, noch, seine Bekleidung zu beschreiben; die Aufständischen werden des Diebstahls verdächtigt. Also greift man ihnen in die Taschen. Odent ruckt kurz den Kopf nach hinten, einer der Totengräber begreift sofort, was das besagen will. Die Reihe mit den Leichen ist lang. Sie sind hart und kalt, achtzehn auf dem Kellerboden ausgestreckte Gliederpuppen. Hier sind die Toten zahlreicher als die Lebenden. Langsam macht sich der Totengräber an seine Aufgabe, tritt zwischen die Körper, stülpt die Schürzentasche um: Nichts.

Anschließend erstellt man ein Inventar der Verletzungen und Todesursachen. Soupé macht seine Tasche auf, nimmt Skalpell, Klammern und Schere heraus. Er schneidet die Kleider auf, reinigt die Verletzung zügig, zieht mit den Klammern die Wundränder auseinander. Das Hemd des Verstorbenen ist blutgetränkt. Die Gedärme quellen ihm aus der Seite.

Der Nächste bitte. Nummer 2. Ein sechzehnjähriger Junge. Das lange Haar zum Pferdeschwanz gebunden, Stupsnase, dunkelhäutiges Gesicht. Und seine Kleidung besteht aus der gleichen grauen Tuchjacke, der gleichen Baumwollweste, den gleichen, aber zusammengewürfelten Kupferknöpfen, der gleichen Schürze; dazu wollene Strümpfe. Wieder macht Odent ein Zeichen mit dem Kopf, der Leichenträger beugt sich vor und schiebt seine dicke Männerhand in die Taschen des Jungen. Nichts. Aber dafür ist das Scheitelbein gebrochen und das Hinterhauptbein zertrümmert. Was bedeutet, dass man ihn rücklings geschlagen, dass man ihm den Schädel mit dem Säbel oder Bajonett zertrümmert hat.

Und weiter geht's. Nummer 3, zwanzig Jahre alt. Ein hübscher, ein Meter siebzig großer Kerl mit zerzaustem kastanienbraunen Haar. Er trägt eine Jacke und eine Wollweste. Und wie bei allen anderen sind es *dicke* Wolle und *grobes* Tuch, sind es *zusammengewürfelte* Knöpfe und eine *notdürftige* Jacke; auch die gleichen schäbigen Stoffe: Tuch für die Jacke, Leinen für das Hemd, Baumwolle für die Weste, Serge für die Kniehose, Wolle für Strümpfe oder Fußbekleidungen, Kupfer für die Knöpfe; und die gleiche armselige Arbeits- oder Elendskleidung: Lederhosen, Tuchjacke und grobe Leinwandschürze. Auch hier nichts in den Taschen, aber eine große Wunde über dem Auge und dem klaffenden Stirnknochen, aus der Hirnfetzen und Blutklumpen quellen.

Die Nummer 4 ist dran. Ein rundes Puppengesicht. Das Haar hinten zusammengebunden. Die Nase kurz und breit. Er ist in graues Tuch gekleidet, ein Hemd aus Haushaltsleinen, eine Musselinkrawatte, eine grobe Tuchweste. Der Totengräber durchsucht den Toten. Grandin zieht die Brauen hoch; seine Augen blitzen hinter der Brille. Der steinerne Himmel dünstet ein paar Tropfen aus; es ist ein bisschen zu kühl, der Kommissar verspürt ein Kratzen im Hals, er hätte sich wärmer anziehen sollen. Der Totengräber dreht sich um und zuckt mit den Schultern: Nichts in den Taschen.

Er klettert über die Leiche und macht weiter mit Nummer 5. Wieder ein zwanzigjähriger junger Mann. Wieder braunes Haar und ein rundes Gesicht. Wieder grobe Leinen- oder graue Tuchkleider und Wollstrümpfe. Und wieder leere Taschen. Dafür eine beachtliche Wunde im Gesicht, die Rückseite des Schädels ist eingedrückt. Der Totengräber geht um die Leiche herum, stolpert und tritt auf die Hand; irgendwie fängt er sich an der Brust des Toten ab und richtet sich wieder auf. Ein Lichtkreis erhellt das Gewölbe. Und weiter geht die Litanei: Nr. 6, Nr. 7, Nr. 8, Nr. 9, 10 und 11, bis hin zur Nr. 18: Adlernase, längliches Gesicht, zum Pferdeschwanz gebundenes dunkelbraunes Haar, und dann die Klamotten, olivfarbene, mit Serge gefütterte Tuchweste, Leinenhemd. Eine satte Anzahl an Pferdeschwänzen, Wollstrümpfen, offenen Brustkörben, Wunden unter der Achsel und zertrümmerten Schädeln. Eine satte Anzahl leerer Taschen. Aber nicht ein Heller an den achtzehn Leichen von Montrouge. Man hatte alle Taschen umgestülpt, aber nur alte Tabakbeutel gefunden, einen kleinen Schlüssel, ein paar armselige Werkzeuge. Das war's. Nicht die Spur einer *Taschenuhr*.

Statt beschaulich an den Seine-Ufern entlang zu schlendern oder Karten zu spielen, schlugen Louis Petitanfant, Schornsteinfeger, und Louise Petitanfant, Kammerfrau, am Sonntag, den 3. Mai, den Weg nach Montrouge ein. Es war mild. Sie gingen lange die Rue Saint-Jacques hinauf, dann durch den Faubourg Saint-Jacques; am Observatorium vorbei verdreckten sie sich die Füße und gingen weiter geradeaus, immer geradeaus auf dem bis zur Stadtgrenze mit Feldern gesäumten Chemin du Bourg-la-Reine. Von Zeit zu Zeit nahm Louis seinen Hut ab und wischte sich die Stirn. Wortlos liefen sie nebeneinander her. Als sie die Charité hinter sich gelassen hatten, gelangten sie zur Tombe-Issoire. Dort mussten sie warten, bis der Pförtner ihnen öffnete; sie blieben artig vor der Tür stehen. Louis hielt seinen Hut zwischen den Händen. Sie schwiegen. Dann kam der Pförtner zurück und bedeutete ihnen zu folgen. Behäbig stiegen sie die Treppe hinab und stützten sich an den Wänden ab. Es war dunkel und feucht, die Lampe war zu schwach. Endlich stand man vor der Tür der Katakomben. Der Pförtner drehte den Schlüssel im Vorhängeschloss.

Ein großer dunkler Raum, die Leichen lagen auf dem Rücken, es stank; Louise hielt sich die Schürze vor die Nase. Der Pförtner hieß sie weitergehen, er habe nicht viel Zeit. Sie schritten langsam die Reihe der Toten ab, während sie einen Blick auf die unbekannten Gesichter warfen, manche schienen zu schlafen, andere waren bereits grünlich, furchteinflößend. Ohne es sich einzugestehen, hatten sie gehofft, ihn nicht hier zu finden, dass er woanders übernachtet hätte und in ein paar Tagen wieder nach Hause käme. Doch bei der Nummer 5 blieb Louise stehen. Sie machte ein Zeichen. Sie betrachteten die Leiche eingehend. Tote haben ein so anderes Gesicht! Der Kopf war nach links verrenkt, die Lippen waren steif; ein Teil des Gesichts war zu einer grässlichen Grimasse verzerrt. Unter dem Schnurrbart war das Perlmutt seiner Zähne zu sehen. Man hatte ihm die Augen geschlossen. Er hatte nicht mehr das sanfte Gesicht, das sie von ihm kannten, das kamelfarbene Tuchgewand jedoch gehörte eindeutig ihm; ein Stück seiner Jacke war umgeschlagen, und Louise erkannte das Futter aus Stoffstücken, die sie aneinander genäht hatte. Und dann die Kniehose aus grauem Tuch, die Wollstrümpfe, ja, das musste er sein, trotz des eingeschlagenen Schädels und dieser furchtbaren Grimasse, die sein Gesicht zerpflügte.

Als sie draußen waren und sich wieder auf den Weg machten, liefen sie Seite an Seite, ohne einander anzusehen. Louise hatte ihre Holzschuhe ausgezogen und hielt sie in der Hand. Als sie die Zollschranken passierte, dachte sie, dass sie niemals das Gesicht ihres toten Bruders vergessen würde, seine nach hinten gezogenen Lippen, diese Maske. Und sie merkte, dass sie ihn nicht geküsst hatte; das schmerzte sie unendlich. Dann kam ihr eine Erinnerung, oder vielmehr eine Reihe von Erinnerungen, die sich miteinander verknüpft hatten und in ihr eine Art Refrain bildeten, der sie an ihre Kindheit erinnerte. Es war das Alter, wo man anfängt, sich weiter von zuhause zu entfernen, seine Freiheit zu erproben, und wo die Eltern fürchten, es könne einem etwas zustoßen. Sie und ihre Brüder hatten an den Ufern des Port au Bled direkt gegenüber von ihrem Haus kleine Hütten gebaut. Drei winzige Hütten aus herbeigerollten Steinen, Schlamm und alten Brettern; so klein, dass sie möglichst langsam hineinkriechen mussten, damit die Zweige nicht vom Dach fielen. Ihre, Louises Hütte, war als eine der ersten fertig gewesen. Sie hatten dort ein paar merkwürdig geformte Flusskiesel angehäuft, kleine Gegenstände zusammengetragen, die als Puppengeschirr dienten. Ein bisschen weiter oben Richtung Grève lag ein sanfter, mit Eschen gesäumter Abhang. Und da läuten in ihrer Erinnerung die Glocken. Es geht ein leichter Wind, und die Glocken läuten; bald wird es Nacht. Die Sonne sinkt. Sie sieht die letzten Strahlen zwischen den Bäumen, auf den Fassaden am Ufer. Das Licht ist wunderschön, mild und warm. Sie müssen nach Hause, der Fluss ist schon dunkel. Sie läuft mit ihren Brüdern. Sie laufen, bis sie ganz außer Atem sind! Sie sind zusammen, und sie lachen; sie rangeln ein bisschen und lachen.

Am nächsten Tag wurden sie um zehn Uhr morgens in der Amtsstelle von Kommissar Odent erwartet. Man hieß sie auf zwei Strohstühlen Platz nehmen. Louise nestelte an den Bändern ihrer Haube. Im Stockwerk über ihnen wurde Klavier gespielt. Während der Schreiber das Briefkopfformular ausfüllte, fragte er sie, ob sie ihren Angehörigen sicher wiedererkannt hätten. Sie bejahten es. Nachdem das Protokoll aufgenommen war, verlas er es: *Nach Prüfung des toten Körpers mit der Nummer fünf haben sie ihren Bruder namens Augustin Vincent Petitanfant erkannt; er war einundzwanzig Jahre alt, er war Hilfsarbeiter und Maurer und wohnte bei seinen Brüdern.* Dann hob der Schreiber den Kopf und bat sie, das Schriftstück zu unterzeichnen. Sie konnten nicht schreiben.

Die Schulden

In seinem Kalksteinbecken sitzt es westlich des Waldes von Meudon im Schlamm: Versailles. Ein Marschland, ein Sumpf. Und über die Hauptstraße von Paris begibt sich eine ganze Prozession aus Frühgemüsehändlern, Konditoren, Eisverkäufern, Metzgern und Stadtköchen zum Schloss: ein langer Gänsemarsch aus Zuckerwerk, Makronen, Tortenböden, zartem Geflügel, frischem Spinat, sandkornfeinen Linsen, saftigen Gurken, herrlichen Anjou-Birnen, Inconnue la Fare, Beurré d'hiver, Gute Luise, weil Gott unter seinem Lichtmantel unzählige Birnen hervorgezaubert hat; ja, über die Champs-Élysées schleppt man für den König, was Frankreich an Feinstem aufzubieten hat. Als regelte ein riesiger Gendarm den Verkehr unserer Viktualien, nehmen die Leckerbissen und Gaumenfreuden den Weg nach Versailles, Fades und Wässriges den in die Vorstädte. Das Exquisite und Schmackhafte rumpelt in den Westen der Hauptstadt, das Saure in die Hütten. Das Wohlschmeckende und Saftige galoppiert an den Hof, das Schale und Molsche geht ab nach Paris.

Und vor allem wird in Versailles gespielt, man spielt auf unverschämte, unermüdliche, verrückte und leichtfertige Weise, spielt um unerhörte Summen, ganz Versailles spielt. Der König. Und die Königin. In allen Räumen, in allen Gebäuden stehen Spieltische. Man spielt Pharo, Würfelspiele oder Lotto, einfach alles. Ein Bankier kommt eigens aus der Stadt, um die Tische mit Bargeld zu versorgen und die Schulden zu notieren. Das grüne Tuch wird bombardiert. Während die Pariser Menge für zehn Sous spachtelt und in der Kneipe ihren Schoppen Schnaps schlotzt, während Raffetin mit Cottin im Grand-Faucheur zulangt, während man im verrauchten Radau zwischen Fischresten und Brotkrumen für ein paar Groschen pfeift und spielt, während eine Kundin neben einem Haufen von Bettlern und Lumpenhändlern ihren Bälgern den Hintern abwischt, während das Königreich haarscharf am Bankrott vorbeischrammt, beziffert sich das Defizit der Königinnen-Pension zu Jahresende auf fast fünfhunderttausend Livres.

Und rings um diesen Schrein, die anmutige Mandorla, in der alles Freudenreiche heruntergebetet wird, tummeln sich Tausende von Maurern, Gärtnern und Erdarbeitern. Der Palast ist eine Baustelle. Versailles ist eine Baustelle. Dreißig Jahre lang wird man graben, ausreißen, pflanzen und bauen. Es sollte dreißig Jahre an Bau- und Erdarbeiten brauchen, dreißig Jahre, um einen stinkenden Sumpf, eine Fläche aus Wald und stehendem Wasser, in Pavillons, Beete, Haine und Felsvorsprünge zu verwandeln. Ganz Frankreich ist auf Wanderschaft. Man kommt aus dem Berry, der Bretagne, der Normandie und aus dem Poitou, zum Zimmern, Schreinern, Karren und Mauern. Die Arbeiter hausen in Bretterbuden. In Dreck und Hässlichkeit. Die Arbeit ist hart, die Unfälle zahlreich. Kinder spielen auf der Gasse. Man schleppt sich ins Café, in der alten wollenen Hose und dem Überrock aus gelbgestreiftem Tuch, beides schmutzig von der Plackerei. Ein Schwarm von Schuhputzern wartet vor dem Tor zum Palast. Zwischen den Krambuden, die an den Gittern kleben, trifft man Pierre Navet in seinem ärmlichen Überzieher und Raymond, den Wasserhändler, und den Barnabiten, der einen Liard von uns will, und den in seinem Kuhkauderwelsch blökenden Morfondu und die Feinwäscherin, die man pimpert, die Flickerinnen, die Goldpoliererinnen, die Zigeuner und die Flittchen, ein Hin und Her zwischen den Rinnen voll Unrat, wo sich die Schweine suhlen.

Versailles ist ein Lichterkranz, ein Kronleuchter, Kleid und Kulisse. Doch hinter der Kulisse und selbst drinnen, eingebettet in das Fleisch des Palastes, als das wahre Wesen seiner Vergnügungen, herrscht ein zwielichtiges, kreischendes, serviles Treiben. Allenthalben findet man Trödler, denn in Versailles lässt sich alles wiederverkaufen, aus allen Geschenken kann man erneut Gewinn schlagen und von allen Resten kann man zweimal essen. Die Adligen futtern Aufgewärmtes aus erster Hand. Die Dienstboten nagen die Gerippe ab. Und dann wirft man die Austernschalen und Knochen aus den Fenstern. Arme und Hunde schnappen nach den Überresten. Das nennt sich Nahrungskette.

Doch vor allem anderen, noch vor dem Lumpenhandel und vor den Kneipen, drängte eine Schar von Büglerinnen, zerkrumpelten Busenkrausen und Blumenhändlerinnen ins Herz von Versailles, in sein kleines Herz aus Stein. Ja, der Palast, seine Tischleuchter, seine Feuerwerksraketen und Masken, die von Fackeln beleuchteten Kutschen, seine Strohfackeln und seine Heiterkeit zogen Berufsstände aus sämtlichen Ecken des Reichs an, alle Parkettbohner, alle Sudelköche, alle hochfliegenden Ambitionen vom braven Bürger bis zum Edelmann, aber auch die obszönsten Bedürfnisse. Während prachtvolle Feste die Liebe und Jugend feiern, während man artig in der Sprache des Busens plaudert und im Schein der Kerzen zwischen Puder und *mouche* konversiert, huscht durch die abendlichen Alleen, durch entlegene Gänge, entlang der Baracken ein ganzes Gewimmel aus Buhlerinnen, Lustmädchen und Nachtschwalben, die winters in der Kälte zwischen zwei Bauchkrämpfen auf der Suche nach ein bisschen Zucker oder Tabak, nach ein paar Groschen gegen ein kleines Vergnügen herumstreunen.

Eindringlich bringt man uns die Regierungszeiten der diversen Könige bei, die einzelnen Begebenheiten: die Machtergreifung durch Ludwig XIV., die Reform des Königreichs, den guten Colbert, die Régence, den Österreichischen Erbfolgekrieg, das Attentat von Damiens, den Aufbruch von La Pérouse. Nie aber ist die Rede von jenen armen Mädchen aus der Sologne und der Picardie, von all den hübschen, vom Elend verzehrten Frauen, die mit ihrem einfachen Bündel Lumpen in der Postkutsche gekommen sind. Keiner hat je ihren Weg von Craponne nach Paris bis zu den Gittern des Schlosses nachverfolgt. Keiner hat je ihre bittere Fabel aufgeschrieben.

Um die für die königliche Mundküche zuständigen eintausendfünfhundert Personen unterzubringen, hatte man die ganze, ja tatsächlich die gesamte Bevölkerung des ehemaligen Dorfes Versailles enteignet! Geht doch woanders zum Henker, ihr Lumpen und Trunkenbolde! Man machte den Weiler dem Erdboden gleich und stampfte die Erde fest, um dortselbst das Grand Commun zu errichten, ein schlichtes, harmonisches Corps de Logis, ein Beispiel an Ausgewogenheit und Ebenmaß. Und bis zum Schluss, bis zur Revolution, herrschte in Versailles eine Überzahl an verschiedenerlei Dienern, diversen Lakaien, Bratspießdrehern, Violinisten, Instrumententrägern, Laufburschen für Wein, Kurtisanenkutschern, Salatlieferanten, Suppenköchen und Küchenjungen; das alles neben einem Haufen von Ämtern, Gesellschaftsdamen, Pagen und nicht weniger als rund vierzig Kammerdienern allein für den König, erlesene, um das königliche Bett, den königlichen Spiegel und den königlichen Nachttopf Seiner Majestät schwirrende Schmeißfliegen.

Dabei war Frankreich schwer verschuldet. Was sollte man bei diesem Rennen in Richtung Abgrund bloß den Bankiers zwitschern? Die großen Perücken waren höchst kostspielig gewesen. Die Ludwigs, egal welcher Nummer, hatten ihre Hand unter zu viele Röcke geschoben, in zu viele Speckfalten gezwickt und in zu viele Hintern gebissen. Oh! Ich weiß, man hat mir gesagt, was uns teuer, wirklich teuer zu stehen gekommen sei, was das eigentliche Loch in der Staatskasse, den absoluten Tiefstand unserer Schulden verursacht habe: die Teilnahme Frankreichs am amerikanischen Unabhängigkeitskrieg. Damit sei alles ins Kippen gekommen. Ich glaube kein Wort davon. Die Schulden sind älteren Datums. Man skandiert um die Wette, die Lebensart des Hofs habe nur einen winzigen Teil der Ausgaben ausgemacht. Und dann nennt man uns sieben bis zehn Prozent vom Staatshaushalt, als wäre das nichts; ein kolossaler, in Wirklichkeit bestimmt noch höherer Posten, denn die Buchführung der Mächtigen sprengt stets ihre eigenen Berechnungen und belastet die anderen, unterwirft sie und macht sie sich untertan.

Es gibt vier Uhrmacher für das Schlafzimmer des Königs, einer von ihnen hat Morgen für Morgen die alleinige Aufgabe, seine Uhr aufzuziehen. Wie eine Farce, ein Scherz à la Rabelais, eine schriftstellerische Absurdität, ein Ammenmärchen. Aber es kommt noch lustiger, noch schlimmer. Es gibt in Versailles einen *capitaine des mulets,* als es gar keine Maulesel mehr gibt. Es gibt die Wink-Erteiler, deren einzige Aufgabe darin besteht, herauszufinden, zu welcher Uhrzeit der König der Messe beizuwohnen wünscht. Es gibt den Erwerb zweier Diamantohrgehänge durch Marie-Antoinette im Jahre 1775. Und im selben Jahr ein wunderschönes Paar Ohrringe. Schwuppdiwupp! Dreihunderttausend Francs. Aber was bedeuten schon diese dreihunderttausend Francs? Was sind wir kleinlich und knauserig! Und schließlich wäre da noch die Mode, das lächerliche Attribut, aber wer weiß schon, was die Seele wirklich braucht? Eine Zeit lang, Ironie maliziöser Teufel, begeistert sich alles für das neue Flohbraun; alles muss flohbraun sein, Flohjunges, Flohschenkel, Flohrücken, ah!, eine Laune, ein Lachen, und dann sieht die Königin sich satt, das Flohbraun hat sich überlebt, jetzt will man Aschblond. Der Friseur Ihrer Majestät schneidet eine Strähne ihres wundervollen Haars ab. Merkur bringt sie nach Lyon in die Spinnereien, wo Stoffe hergestellt werden sollen, die *exakt* die gleiche Farbe haben. Aber das Gewand reicht nicht. Es braucht auch die entsprechende Frisur. Und das ist eine Kunst. Man fabriziert Haartrachten, wie man sie nie wieder sehen wird, mehrstöckige Turmbauten, kleine Hügel aufgesteckten, gekreppten oder zu Stacheln angeordneten Haars. Es gibt schier alles: Federn, Bänder, kleine Theaterszenen, eine hübsche Müllerin, die mit einem Kavalier plaudert.

Schließlich hatte die Sehnsucht nach dem bäuerlichen Leben zur Konstruktion des Weilers der Königin geführt, ländliche Posse, Miniaturparadies, wo Theater und Feste die Sorgen des Hofs, die Hungersnot im Reich und die Staatsschuld vergessen lassen. Rings um einen kleinen Teich hatte man ein knappes Dutzend Hütten angelegt, einen Bauernhof – denn schließlich will man schnabulieren –, einen Taubenschlag zum Gurren, ein Boudoir zum Schönmachen, eine Scheune – denn man wälzt sich gern im Heu –, eine idyllische Mühle, einen Blumengarten und über einem winzigen Fluss eine kleine Steinbrücke. Man hatte sich vom Park in Ermenonville inspirieren lassen, von seiner schlichten, natürlichen Gestaltung, die Augen, Geist und Seele unmittelbar ansprach und ihre Inspiration wiederum aus Jean-Jacques Rousseaus Roman *Die neue Héloïse* bezog. So traf sich Marie-Antoinette in ihrer lächerlichsten und vielleicht liebenswürdigsten Seite mit dem Verfasser des *Gesellschaftsvertrags*. Diese Parallele sollte uns weder überraschen noch beunruhigen. Nach der Revolution diente der kleine Weiler als Wirts- und später als Freudenhaus. Und so stellen wir uns der Zeit auf ganz unterschiedliche Weise. Mit verbundenen Augen liefert sie uns allen möglichen Trennungen aus, und unsere Werke werden in alle Winde verstreut wie das den Hunden zum Fraß vorgeworfene Fleisch Athalias.

Während die Fürsten sich nichts versagen, verdorren die Finanzen des Königreichs; Frankreich fastet. Und so beginnt ein wilder, chaotischer Wettlauf um die Abgaben. Steuer, Tribut und Zins sind ein einziges kaltes, eintöniges Gebrüll; zum einen duften sie nach Parfum, nach den Rauchsäulen der Kronleuchter, zum anderen stinken sie nach Schweiß und Talgkerzen. Nun wurde Walzer getanzt. Die Finanzminister lösten sich in einem schwindelerregenden Rhythmus ab. Man regierte mithilfe von Notlösungen: Teilbankrott, sogenannte provisorische Besteuerungen, die sich endlos verlängerten. Zunächst kam Turgot, der für den freien Warenverkehr war und den Zunftzwang für Handwerker aufheben wollte, um die Produktion von ihren Belastungen zu befreien. Er hielt sich nicht einmal zwei Jahre. Als nächstes kam Necker, ein Bankier. Auch er fand nicht lange Gnade. Dann war Calonne an der Reihe, ein feinsinniger Mann, der hübschen Damen, wie es scheint, in Wechselbriefe eingewickelte Pistazien zukommen ließ. Das Geld versickerte. Calonne tat alles für die Spekulation. Sobald das Defizit eine kritische Schwelle erreicht hatte, wurde er abserviert. Dann gab es noch Brienne und ein paar andere. Der Staatsschatz war leer, aber man hatte keine Ahnung von der Höhe der Schulden. Um die Gemüter zu beruhigen, verkündete der Hof, er werde *seine Ausgaben drosseln*. Eine häusliche Revolution im Kleinen. Marie-Antoinette reduzierte die Anzahl ihrer Pferde, dann nahm sie bezüglich ihres Tisch- und Schlafzimmerzubehörs Ersparnisse von einer Million vor: das Eingeständnis ihrer horrenden Ausgaben.

Und dann war wieder Necker an der Reihe, um die Börse zu beruhigen, denn schon damals maß man an der Börse die Temperatur der Welt. Und während man in Versailles auf Hirschjagd ging, zermarterte Necker sich die Grütze. Er hatte seine stolze Karriere bei Girardot begonnen, einer französisch-schweizerischen Handelsbank, die auf die Spekulation mit der Staatsverschuldung und mit Rohstoffen spezialisiert war. Der junge Necker führte die Bücher; er soll recht begabt gewesen sein. Es geht das Gerücht, dass er in einer wichtigen Angelegenheit einmal aus dem Stand den Ersten Sekretär vertreten habe. Er hielt sich nicht an die Anweisungen, die man ihm gegeben hatte, und vertrat eine riskante Position – wie die *trader,* die heutzutage ihre Befehle dem Monster in den Rachen werfen und hoffen, damit durchzukommen. Und er kam damit durch. Auf einen Schlag erzielte er einen Gewinn von fünfhunderttausend Livres. Man machte ihn umgehend zum Gesellschafter.

Die Bank reüssierte. Dank Informationen aus erster Hand spekulierte er auf die englischen Staatsschulden. Denn zwischenzeitlich war Necker zum Verwalter der Ostindien-Kompanie ernannt worden. Er spekulierte jedoch auch auf die französischen Staatsschulden. Der Profit ist eine maßlose Melancholie, die ganze Enttäuschung der Welt äußert sich in der Macht des Kaufens und Verkaufens. Folglich übertrafen Neckers Kompetenzen die Wechsel des Staatsschatzes, sie verlegten sich auf den Handel. Er übertrug seine Berechnungen auf den Preis der Rohstoffe, vor allem aber auf den Erwerb von Getreidespeichern, von ungeheuren Mengen an Weizen. Als Finanzminister des Königs von Frankreich schließlich veranschlagte Necker kolossale öffentliche Abgaben. Die Bank, der er gerade erst den Rücken zugekehrt hatte, unterzeichnete für vierzehn Millionen.

So lassen sich während des gesamten Zeitraums vor der Revolution sonderbare Machenschaften mit den staatlichen Geldern beobachten. Die Staatsschuld wächst unaufhörlich, und das Volk hat Hunger. An der Börse spekuliert man auf die Anleihen. Frankreich ist so gut wie bankrott.

Zu den Waffen greifen

Am 4. Mai wurden die Generalstände in Versailles eröffnet. Am folgenden Tag trat man in einem großen Saal zusammen, der eigens für diesen Anlass im Hôtel des Menus Plaisirs erbaut worden war. Er ist prachtvoll. Eintausendeinhundertneununddreißig Abgeordnete passen hinein. Diesmal braucht man sie, um die Abgaben zu erheben; alle drei Stände müssen einwilligen, bevor es brenzlig wird. Am ersten Tag erscheint der König und bezeichnet sich als obersten Freund seines Volkes; gern würde man ihm glauben. Zu seiner Linken döst Marie-Antoinette vor sich hin. Auf dem Kopf einen weißen Federbusch. Endlich ergreift Necker das Wort. Er erhebt sich, feist, mit sich selbst zufrieden, geckenhaft, wie man damals sagte; und wenn man den Trigonen und Sextilen glaubt, den Quincunxen und Quintilen, dann prädisponieren ihn die vielen Luftzeichen in seinem Horoskop für alles Unbeständige: Geschmeidigkeit, dämonische Anpassungsfähigkeit, Pragmatismus. Die nicht minder bemerkenswerte Präsenz des Feuers deutet auf einen Überschuss an Kühnheit, den Dünkel. Das fehlende Wasser hat traurigere Auswirkungen, es beweist einen Mangel an Empfindsamkeit, man liebt weniger als die anderen, die Dinge des Herzens berühren einen nicht. Und an jenem Tag zeigte Necker genau das, was ihn ausmachte: Kühl und demonstrativ sprach er nur über Finanzen und Nationalökonomie; er war abstrakt und hochmütig, langweilte sein Publikum eine gefühlte Ewigkeit mit seinem technischen, verworrenen Vortrag. Keine der lebenswichtigen Fragen kam zur Sprache. Der Empfang war ein Reinfall, die Zuhörerschaft enttäuscht.

Die Zeit verstrich. Die Sache wurde immer dringlicher. Die Franzosen grollten. Und, ja, nach einer Weile erklärte sich der Dritte Stand zur Nationalversammlung. Am 20. Juni ließ der König den Sitzungssaal im Hôtel des Menus Plaisirs schließen. Man zog ins Ballhaus um und sprach erhabene Worte. Eid! Verfassung! Drei Tage vergingen. Der König erklärte die Entscheidungen der Versammlung für nichtig und forderte die Abgeordneten auf, den Saal zu verlassen. Die Abgeordneten des Dritten Standes weigerten sich. Und nun sprach Mirabeau seinen entscheidenden Satz, der mit *das Volk* beginnt und mit *der Gewalt der Bajonette* endet. Ah! Als hätte ein Mann manchmal sein Leben lang darauf gewartet, ein paar Wörter zu sagen, Wörter, die ihn ganz in Besitz nahmen, ihn zwischen ihren Silben einfingen, alles Übrige sühnten, und die in sich, im Faltenwurf der Formulierung, eine Mischung aus Selbstverständlichkeit und Geheimnis, aus Größe und Trivialität bargen, ein Omen für die Menschheit. Ja, Mirabeau spricht. Er ist ein Gefühl, eine Wahrheit. Niemand vermag etwas dagegenzuhalten. Er spricht. Zum ersten Mal öffnet sich die große Klappe mit so viel Puste und Unverfrorenheit. Der Wille des Volkes hat soeben die Bühne der Geschichte betreten.

Fünf Tage später knickt der König ein. Er appelliert an Adel und Klerus, sich dem Dritten Stand anzuschließen. Man hat sich wieder versöhnt. Doch das Volk bleibt argwöhnisch. Im Schatten drängt der Graf von Artois den König, Gewalt anzuwenden, träufelt Tag für Tag und Stunde für Stunde seinen Essig aus. Und während man versöhnliche Worte spricht, zieht man Söldnertruppen Richtung Paris zusammen. Man wollte die Vorstädte anschüren. Es wurde getrommelt; man sah die roten Jacken, die Dreispitze, die Schatten der Reiter vor den Flechtwerkpalisaden vorbeiziehen. Paris fühlte sich schleichend in die Enge getrieben, an der Gurgel gepackt, bedroht. Bei Ramponneau in der Courtille herrscht Aufregung bei den

Wasserträgern, bei der Ausruferin von alten Hüten, bei den Verkäufern von Kaninchenfellen und altem Eisenwerk, bei der Hökerin von frischem Seefisch, Aufregung allenthalben. Aufregung bei Antoine Salochon, seines Zeichens Kutscher, und bei Jean Morin, Steinmetz. Auf dem Marché Saint-Martin herrscht Aufregung bei den Küfern, den Stuhlvermieterinnen, bei den Herings- oder Rübenverkäuferinnen. Bei Bonneau, zwischen zwei Wannen Geschirr, Aufregung auch bei Charles Glaive, Papiermacher, bei Milou, Kunstdrechsler, Jean Robert, Schlosser, Chorier, Polsterer, und Picollet, Drucker. In sämtlichen Kneipen hebt man Bleikrüge und Sandsteingläser, stößt an, mit Bier und mit Schnaps, klettert auf die Hocker. In Les Porcherons gärt es, in Moulin de Javel, in Vaugirard und La Rapée gärt es, in Grand Charonne und Petit Charonne, in Gros Caillou, in Ménilmontant, es gärt in allen volkstümlichen Vierteln. Im Wirtshaus La Bouteille wird viel und laut geredet, wird geschrien und geflucht. Ah! Wie gern man damals auf Tische kletterte! Im Wirtshaus La Fontaine klettert Charles Bassin, Korbmacher, auf den Tisch und schimpft, Pierre Pontillion, Samenhändler, schimpft, Jean Chevreul, Schubkärrner, erklimmt seinen Stuhl und schimpft. Die Streitereien werden heftiger. Alle gehen spät zu Bett. Man redet. Und redet. Noch nie hat man so viel geredet. Normalerweise schuftet man vor allem, den ganzen Tag lang Arme und Beine in Bewegung, Schweiß, gebeugte Körper. Doch seit April wird geschwatzt, was das Zeug hält. Der Mund produziert Wörter. Zahllose Wörter. Eine Lawine.

Am 11. Juli wird Necker abermals verabschiedet. Er wird durch Breteuil ersetzt, der dem Grafen von Artois und der Königin nahesteht. Alle begreifen, was das zu bedeuten hat: die Rückkehr einer unbeugsamen Politik. In der Nacht vom 11. auf den 12. wälzt Paris sich in seinen Betten. Man schläft schlecht. Am 12. Juli ist die Stimmung elektrisch. Überall bilden sich Gruppen, es wird beratschlagt, diskutiert, protestiert. Und nachmittags, im Palais Royal, stottert ein junger, neunundzwanzigjähriger Rechtsanwalt mit sanftem Gesicht und schönem langen Haar, wie es damals Mode war, dass Neckers Entlassung besorgniserregend sei. Ein Grüppchen bildet sich und hört ihm zu. Man ermuntert ihn, lauter zu sprechen.

Das ereignet sich vor dem Café de Foy. Die Wirtin hatte für ihren Mann die Erlaubnis erwirkt, Eis und Erfrischungen in der großen Kastanienallee zu verkaufen, was viele Menschen anlockte. Diese Erlaubnis hatte sie in einer Privataudienz des Herzogs von Orléans erhalten, der ein Auge auf sie geworfen hatte. Man sieht, welchen Preis die Gnaden haben. Und just vor diesem Café, wo der gute Herzog manchmal eine Limonade getrunken hatte, um die hübsche Wirtin zu bewundern, klettert Camille Desmoulins, so der Name des jungen Anwalts, auf einen Bistrotisch und stottert seine erste Rede. Denn er stotterte. Unerhört, wie viele Stotterer sich zu Rednern gemausert haben, und wie viele Schulversager zu Schriftstellern. Und sonderbar das Leben, das uns oft dort einholt, wo es versagt hat.

Camille versorgt das Volk mit Wut. Er klettert auf einen Tisch vor dem Café de Foy. »Sie planen eine Bartholomäusnacht für die Patrioten«, ruft er. Das ist sein bekanntester Ausspruch, sein Augenblick der Gnade. Das Wort Patriot gleicht damals einem Sesam-öffne-dich. Die Menge gibt ihm Recht. Die Worte des jungen Mannes antworten auf die Ängste, auf die aufsteigende Beunruhigung, auf den Mangel an Brot. Ja, sie planen eine Bartholomäusnacht. Doch es wird ihnen nicht gelingen. Der Graf von Artois wird nicht an der Spitze seiner Söldner nach Paris einreiten. Camilles kleine Wörter hüpfen hin und her, sie pissen und schwitzen, sie sind die Form dieser Welt; wie die Wörter Mirabeaus rühren sie an eine beweislose Materie, an ein Stigma, einen Glauben; fern vom Menuett der Sprache sind sie ein Zeichen, allen verständlich und dennoch unergründlich; es sind die Wörter aller Welt.

Doch zu den großen Momenten gesellen sich stets auch leichtere, kuriosere Augenblicke, wie ein Atemholen der Seele, in das sich mit einer wahnwitzigen Verbiegung der Irrtum schleicht. In einem Laden auf den Boulevards leiht man sich Wachsfiguren, die Büsten von Necker und dem Herzog von Orléans, und trägt sie durch die Straßen wie die Laren, als Wohltäter. Die Bäume sind voller Männer und Kinder, die besser sehen wollen. Die Zweige neigen sich. Von Baum zu Baum wird geplaudert. Darunter ziehen die Büsten vorbei, unschuldig und grotesk. Überall Leute, auf den Dächern, an den Fenstern, einfach unglaublich, wie viele Menschen in einer Stadt sein können, und dieser neue Ton, diese Aufregung, die Flut an Wörtern, die Freundschaft.

Und dann erreichen die Demonstranten die Tuilerien; unter der Führung des Prinzen von Lambesc geht ein Regiment gegen die Menge vor. Ein Tag ist ein Zeichen, und die Zeichen sind zweideutig, widersprüchlich. Und während man sich freikämpft, während das Vorstadtlied die Gavotte verdrängt, gehen die Reiter zum Angriff über. Man drischt drauflos – oh, ohne töten zu wollen –, aber man schlägt und drängelt, die Frauen rennen zwischen den Hecken, alle weichen zurück, mitgerissen wie eine Gabel voll Mist. Ein von den Reitern mitgeschleifter Krämer, François Pépin, bekommt einen Stoß mit dem Bajonett. Zu ihrer Verteidigung improvisieren die Leute Barrikaden aus Stühlen, bewaffnen sich mit Stöcken und Steinen, und so beginnt die Intifada der kleinen Händler, der Handwerker von Paris, der armen Kinder.

Endlich schlossen sich die Gardes françaises, die von Tag zu Tag lauter murrten, den Aufständischen an. Seit der Réveillon-Affäre misstraute man den Befehlen, man wollte nicht auf die Menge schießen. Zu ihr gehörten Brüder, Schwestern, Freunde. Als sie erfuhren, was in den Tuilerien vor sich ging, verließen die Soldaten unverzüglich ihre Kaserne und stießen auf die königlichen Truppen. In Anbetracht dieses unvorhergesehenen Widerstands befahl der Baron de Besenval seiner Truppe den Rückzug.

Paris gehört nunmehr dem Volk. Gekentert. Geschärft. Es badet in den Brunnen. Inzwischen ist es dunkel geworden. Kleine Gruppen marschieren auf die Zollschranken zu. Zusammengerottete Arbeiter, Tischler, Schneider, gewöhnliche Leute, aber auch Lastenträger, Arbeitslose, Streuner, die direkt aus ihren Krambuden oder vom Port au Bled kommen. Und in der Nacht der großen Stadt zündet plötzlich ein Funken, Aufschrei des Glimmers. Das Zollhaus wird in Brand gesteckt. Dann ein anderes. Und noch eines. Die Zollschranken brennen. Alles Brennende übt eine unbestimmte Faszination auf unsere Umgebung aus. Man tanzt um die zusammenstürzende Welt, den Blick im Feuer verloren. Wir sind Stroh.

Am Morgen des 13. Juli finden sich die besorgten Bürger im Hôtel de Ville ein. Sie rufen einen Ausschuss ins Leben und beschließen die Gründung einer bewaffneten Miliz. Um dieselbe Zeit bricht der König zur Jagd auf. Sein Pferd galoppiert durch den Wald, seine Leute treiben die Hunde zusammen, Gekläff, der Hirsch läuft durchs Dickicht. Allein die Zeit verändert die Menschen, doch in manchen Entfernungen scheinen Jahrhunderte zu liegen; zwanzig Kilometer von Paris lebt man in einer anderen Welt. Die Königin ist im Trianon, sie pflückt Kapuzinerkresse. Die Ereignisse der letzten Tage machen sie ein bisschen nervös, doch ihr Zeitplan bleibt der gleiche. Sie empfängt Fersen; heute Nachmittag wird man, um sich zu zerstreuen, ein bisschen Billard spielen.

Jetzt suchten die Pariser nach Waffen. Sie fürchteten die Rückkehr der Truppen. Eine merkwürdige Idee, auf die man im Wirbel der Aktion verfiel, war der Gang zum Mont-de-Piété. Man stürzte sich auf die Pfandobjekte, als fände man dort die Antwort auf alle Probleme, eine seit Langem entglittene Wahrheit, die ein armer Schlucker eines Tages hier verpfändet hätte. Als hätte er sie einfach gegen ein paar Liards auf die Theke gelegt und wäre nie mehr gekommen, um sie zurückzufordern, sodass sie in Kommission gegeben, unter den Hammer gebracht, vergessen worden wäre. Ja, tatsächlich, auf dem Mont-de-Piété fand man zwischen Schweizer Uhren, Spitzenarbeiten und alten Spazierstöcken einen ganzen Berg alter Waffen. Es sind die Pistolen von Methusalem, die Musketen der Sintflut. Die Menge bewaffnet sich dennoch.

Am Morgen hatte man die königliche Möbel- und Gerätekammer geplündert. Ein buntscheckiger Strom ergoss sich in die vornehmen Arkaden. Man drängte sich auf den großen Treppen und in den prächtigen Salons, gelangte schließlich in den Waffensaal. Eine staunende Menge riss zwei Paradekanonen aus ihren Nischen, Geschenke des Königs von Siam. Stellen Sie sich nur die exotischen, mit Silber eingelegten Visagen auf den schwarz lackierten Lafetten aus Palisanderholz vor; man schleift sie von Stufe zu Stufe, schiebt sie über die Geländer. Die Fäuste entrissen den Mahagonischränken ihre Waffen, die vergoldeten Lanzen einstiger Recken wanderten in die Hände der Gerber, und Ritterhelme zierten die Köpfe der Putzmacherinnen. Womöglich hängten sich manche lachend die Überbleibsel der Rüstung Philippe Augustes um, denn auf einem zeitgenössischen Gemälde erahnt man in den Straßen von Paris die bizarre Silhouette eines Ritters.

Man griff nach den Reliquien, Flammenschwertern, Arkebusen, Hellebarden, und entblößte die Puppen. Als man alle Waffen bis hin zu den chinesischen Säbeln, vielleicht auch ein paar Speere, genommen hatte, riss man die Baldachine herunter, um sich mit Stöcken zu wappnen, aus Vorhangstangen wurden Spieße, und aus Stuhlbeinen machte man Keulen.

Seit einigen Tagen wurden die Läden der Waffenhändler gestürmt und geplündert. Die Register des Châtelet bilden ein entsetzliches Lamento. Hier wurde ein Laden aufgebrochen, dort wurden Türen zertrümmert, geklaute Pulverfässer hüben, zusammengeraffte Messer drüben. Ein Ladenbesitzer wird mitten in der Nacht geweckt, plötzlich steht eine Truppe vor ihm, sie wollen Gewehre, Pistolen. Überall eine kuriose, mit diesem und jenem bewaffnete Menge. Und so zieht der Sohn der Aufklärung durch den Faubourg, bewaffnet mit Musketen und Speeren, aber auch mit Luntenbüchsen und Radschlosspistolen. Man weiß kaum, wie man sie bedienen soll, es sind Antiquitäten aus der Zeit Franz' I. Andere schwenken Äxte, verrostete Dolche, armselige Taschenmesser. Man ist glücklich und defiliert in der strahlenden Sonne.

Schließlich brachen die Mengen, einem überraschenden und grandiosen Einfall folgend, sogar die Türen der Theater auf. Sie drangen in die Requisitenkammern ein und verwandelten die Bühnenrepliken in echte Waffen. Man schwenkte die Schilde von Dardanus und die Fackel Zarathustras. Aus falschen Schwertern wurden echte Schlagstöcke. Die Realität plünderte die Fiktion. Alles wurde wirklich.

Schlaflosigkeit

Nicht zu schlafen bedeutet, im Tod zu leben. Die Nacht schleift uns unbeweglich dorthin, wo wir aufgeben. Der Tag ist Verwirrung und die Nacht ohne Mitleid. Sie versteckt inwendig einen Spiegel, in dem man sich erahnt, ohne sich zu sehen, und im langsamen Vergehen der stillen Stunden erblickt man hin und wieder ein Feuerfünkchen, ein wenig Flugasche zerfurcht einem vorübergehend das Gesicht, und da, im flüchtigen Aufleuchten unseres Antlitzes, spricht ein Zeichen zu einem jeden von uns, und alles wird klar.

Doch es ist nie zu verstehen. Man trinkt ein Gläschen, raucht seine Kippe, öffnet das Fenster. Die Luft ist stickig, entsetzlich stickig. Man wird nicht mehr schlafen, nie mehr, wird wachen, bis die große Klarheit zurückkommt und bleibt. Doch sie kommt nicht zurück. Die Stunden dehnen sich. Man wühlt in seinen Papieren, liest alte Briefe zum zweiten Mal, als wollte man sich seiner selbst vergewissern, ergründen, wer man ist und was man wert ist. Die Nacht zum 14. Juli 1789 war lang, sehr lang, eine der längsten aller Zeiten. Niemand konnte schlafen. Um den Louvre zogen kleine, stumme Grüppchen auf finsterer Diebestour. Die Kneipen schlossen nicht. Die ganze Nacht lang irrten einsame Gestalten, sonderbare Schatten, über die Seine-Ufer. Es herrschte eine drückende Hitze, an Schlaf war nicht zu denken; draußen lechzte man nach ein bisschen Wind, ein bisschen Luft. Ganz Paris schlief nicht.

Es war einer der schönsten Sommer des Jahrhunderts. Auch einer der heißesten. Man briet. Doch der Winter war kalt, bitterkalt gewesen, die Wurzeln waren über einen Fuß tief unter der Erde gefroren. Der Hunger hatte sich über ganz Frankreich erstreckt, zuerst schweigend, dann war die Verzweiflung gekommen, schließlich Wut. Und nun war es heiß. Zu heiß. Nachts zogen die jungen Leute aus, um die Stadt zu durchpflügen – weite Ausflüge aus den Vorstädten. Frankreich war damals ein junges, ein unglaublich junges Land. Die Revolutionäre waren blutjung, zwanzigjährige Verwaltungsbeamte, fünfundzwanzigjährige Generäle. Das hat es seither nicht mehr gegeben. Und am 13. Juli konnte diese ungeduldige Jugend partout nicht schlafen. Man sehnte sich nach einem anderen Körper, musste raus aus seiner Mansarde, raus aus der Kiste, auf seinen Heuschreckenbeinen durch die Stadt laufen. Wie in diesem Alter üblich, brachen alle überstürzt auf, ohne irgendetwas mitzunehmen. Man lief ziellos über das Pflaster, zwischen den Flusskieseln am Seine-Ufer, mitten durchs Nirgendwo. In der Nähe der Courtille waren die Frauen mit ihren kleinen Kopftüchern unterwegs, in ihren schweren Röcken, einer über der Taille geknoteten Schürze und ihrem Schultertuch, die Haare zu Zöpfen geflochten. Bettlerfamilien sind in den Hauseingängen eingenickt. Viele Pariser können nur mit Mühe und Not ihr Brot kaufen. Ein Tagelöhner verdient zehn Sous pro Tag, ein Vierpfundbrot kostet fünfzehn. Das Land aber ist nicht arm. Es hat sich sogar bereichert. Der Profit aus den Kolonien, aus Industrie und Bergwerk, hat dem Bürgertum zu Wohlstand verholfen. Außerdem zahlen die Reichen wenig Steuern; der Staat ist so gut wie ruiniert, aber die Rentiers nagen nicht am Hungertuch. Die Angestellten sind es, die für nichts und wieder nichts schuften, die Handwerker, kleinen Ladenbesitzer und Handlanger. Und dann wären da noch die Arbeitslosen, ein überflüssiges und hungriges Volk. Denn aufgrund eines Handelsabkommens kann Frankreich englische Waren einführen, die reichen Kunden wenden sich inzwischen an ausländische Zulieferer, die zu günstigeren Preisen verkaufen. Werkstätten schließen, das Personal wird reduziert. All das schwingt in der Nacht zum 14. Juli mit, brennt dem herumstreunenden kleinen Hund zwischen den Pfoten, pressiert zwischen den Beinen des pinkelnden alten Säufers, klebt unter den Achseln des Lumpensammlers, es juckt sie alle.

Mit Gewehren und Spießen bewaffnete Scharen errichteten Barrikaden in den Straßen von Paris. Kutschen wurden angehalten und durchsucht, bevor man sie zur Place de Grève brachte. Binnen weniger Stunden war aus dem Platz ein riesiger Pfandstall geworden; funkelnde Lederbezüge, geschwungene schmiedeeiserne Beschläge und Spiegel. Sänften drängten sich neben Ochsenkarren, Säcke voller Weizen stapelten sich neben Pyramiden von Geschirr. Man brachte her, was man fand, aus Angst, Nachschub und Waffen könnten über Nacht verschwinden. Alarmierende Neuigkeiten gingen um, an der Barrière du Trône seien königliche Truppen gesichtet worden. Und dennoch schnäbelte man sich zwischen zwei Gläschen Schnaps. Einzelne Gruppen sangen und redeten sich mit ihren Landesnamen an. Man hörte sämtliche Mundarten Frankreichs. Rings um die Hauptstadt hatten sich Gruppen zusammengerottet; während der letzten Apriltage sahen die Zollbeamten »eine erschreckende Anzahl schlecht gekleideter und finster aussehender Männer« die Schranken passieren; und in den ersten Maiwochen hatte eine Gruppe aus fünf- bis sechshundert Landstreichern gewaltsam in Bicêtre eindringen wollen und sich Saint-Cloud genähert. Inzwischen hat sich die Zusammensetzung der Menge verändert. Sie umfasst nun auch »eine beträchtliche Anzahl von Ausländern aus allen Ländern, die meisten zerlumpt, mit großen Stöcken bewaffnet.« Sie kamen aus dreißig, vierzig, fünfzig Meilen Entfernung; alles strömte nach Paris.

Außerdem wird erzählt, dass diese Elenden seit dem Vortag in Trupps durch die Straßen zogen und Häuser bedrohten, in denen sich die entsetzten und zitternden Bürger verbarrikadierten. Die Läden der Bäcker und Weinhändler wurden geplündert. Mädchen rissen den Passantinnen die Ohrringe ab; und wenn der Ring Widerstand leistete, zerriss man schlichtweg das Ohrläppchen. Der Amtssitz des Polizeileutnants war überfallen worden, nur mit größter Not hatte man entkommen können. Mit Todesgeschrei stürmte eine andere Truppe La Force, wo die Schuldhäftlinge einsaßen; man befreit sie. Eine Gruppe zerlumpter Männer zertrümmert mit der Axt die Tür der Lazaristen, verwüstet die Bibliothek, zerstört Schränke und Bilder, einfach alles. Die Straße ist voller Trümmer und armer Schlucker. Manche haben den Stab eines Vorsängers oder einen Bischofsstab an sich gebracht, sind in eine Albe, ein Pluviale oder eine Kasel geschlüpft und segnen in diesem Aufzug die Passanten.

In der Nacht vom 13. zum 14. Juli, die, glaube ich, die Nacht der Nächte ist, die Heilige Nacht, die furchtbarste Weihnachtsnacht, das Ereignis, verschafft sich, bewaffnet mit Gewehren, Spießen und Speeren, das sogenannte Gesindel – kurzum: die Ärmsten, von der Geschichte bisher einfach in der Gosse gelassen – Zugang zu den Häusern, lässt sich zu essen und zu trinken auftischen. Mit Barmherzigkeit ist es künftig nicht mehr getan. Nach Auskunft der Chronisten sind es Landstreicher von erschreckendem Äußeren. Bürgertrupps versuchen die Ordnung wiederherzustellen; und hier und dort hängt man ein paar Elende an einer Straßenlaterne auf und erledigt sie mit der Schrotflinte.

*

Die Glocken läuten. Man zertrümmert die Türen der Belfriede. Sämtliche Glocken in sämtlichen Glockentürmen läuten gleichzeitig. Der Klöppel klingt. Die Wände wanken. Die Klänge breiten sich aus, schwellen an. Die große Glocke speit ihr *fis* aus. Mit ihrer fast drei Meter messenden Mündung lässt die von Notre-Dame, die nur bei wichtigen Anlässen erklingt, auf den Mauern der ganzen Stadt die schweren Schläge ihres leeren Herzens beben. Überall schlagen die metallenen Schmetterlinge, schalkhaft; die Glocken der Türme, die Glocken des Kapitels und der Dachstühle läuten! Es ist jedoch weder das feierliche Festtagsgeläut noch das sonntägliche Plenumläuten noch das Einzelläuten an den Festen des Herrn noch das große Abendläuten wie anlässlich der Hochfeste noch das Hochzeitsläuten – es ist ein Sturmläuten. Zugleich dumpf und strahlend, zugleich männlich und hoch, vereint es alle Klangfarben in seinem Wanst, donnert im Ohr und bringt mit seinen unhörbaren Bässen den Körper zum Bersten. Wie ein Rauch, den man zerknittert; der Himmel schwitzt, flirrt und flimmert. Die Gassendirnen schweigen. Die Scherze erfrieren auf den Lippen, der Fuß taumelt in der Rinne voller Unrat. Die Hunde verstecken sich. Das Geschrei legt sich wieder. Der Wind löscht die Fackeln. Man spuckt den Obstkern aus, den die Nacht verschlingt.

Unter dem römischen Kaiser Decius flohen in Ephesos sieben Palastoffiziere, die ihr Vermögen an die Armen verteilt hatten, ins Gebirge. Man verfolgte sie. Die Soldaten entdeckten ihren Unterschlupf; doch als sie in die Höhle eindrangen, waren alle sieben in tiefen Schlaf gesunken. Auf Zehenspitzen schlichen sie wieder heraus und mauerten die Höhle zu. Zwei Jahrhunderte vergingen. Einem Spaziergänger, dem das Mauerwerk auffiel, öffnete schließlich die Falle; er betrat die Höhle, und die sieben Männer erwachten. Ähnlich die Rebellion. Sie bricht plötzlich aus, bringt die Welt zum Umsturz und verliert allmählich an Kraft, bis man sie verloren glaubt. Doch eines Tages erwacht sie aufs Neue. Ihre Geschichte ist unregelmäßig, springend, unterirdisch und stockend. Es gilt nun mal, zu leben und seine Geschäfte zu betreiben, man kann schließlich nicht immer den Aufstand proben; man braucht ein bisschen Frieden, um Kinder in die Welt zu setzen und zu arbeiten, zum Lieben und zum Leben.

Im Morgengrauen zog man Richtung Hôtel des Invalides. Man wollte Gewehre, um sich gegen die Armeen des Königs zu verteidigen. In der ganzen Stadt bildeten sich kleine Gruppen, die sich dem Marsfeld näherten. Gegen neun Uhr drängten sich bereits Tausende an den Gittern; es fielen ein paar Schüsse. Der Marquis de Sombreuil ließ sich auf Unterhandlungen ein. Von Minute zu Minute schwoll die Menge weiter an. Die Gitter begannen in ihren steinernen Sockeln zu klirren. Bald waren es Zehntausende. Und Tausende von Menschen sind kein Studentenaufmarsch, der sich einfach wegknüppeln lässt. Versailles war stumm, der alte Marquis wusste keinen Rat mehr. Oft gehen bedeutende Ereignisse auf diese Weise vonstatten, die Macht ist vakant, still, vorsichtig vielleicht, und die großen Gehilfen zaudern, während die Würfel auf dem Tisch rollen.

Gegen zehn Uhr öffnet der Kommandant die Gitter, wohl um zu plaudern, aber eine Menschenmenge lässt sich nicht an der Leine halten, sie will keine Unterhandlungen, sie will nicht diskutieren und sie mag nicht warten. Die jungen Leute, die hinten stehen und nichts sehen, drängeln lachend, los, los! Und der Augenblick kommt, lakonisch, die Angeln quietschen, die Menge schreit, Sombreuils Worte verlieren sich zwischen den Pflastersteinen. Niemand hört, was er sagt, es interessiert keinen. Die Wachen kommen nicht mehr dagegen an. Die Zahl entscheidet. Sombreuil tritt beiseite; und die Menschheit strömt hinein. Sämtliche Alter, alle Geschlechter und Berufe, die unterschiedlichsten Gesichter, alte Hauben, schwielige Hände, Possenreißer, Flegel, Nachtfalter, Bürger, Besoffene, Waschlappen, Schleifer, alle treten die Gitter nieder, deplombieren die ehrwürdigen Bögen, ergießen sich lachend und schreiend in den Ehrenhof. Dort hält man kurz inne, verblüfft – wie schön es ist, das Hôtel des Invalides! Die Fruchtkörbe, die Füllhörner, die hohen Fenster, die Arkaden! Doch die Masse schiebt sie weiter.

Da schließen sich die Veteranen den Aufständischen an; ihre Schicksale berühren sich. Sie führen sie durch das Labyrinth des Palastes. Und es ist ein endloser Reigen; Gänge entfalten, Treppen winden sich, man tastet sich herab wie trunken, strömt, gedrängelt und geschubst, in die unterirdischen Gewölbe. Zwei Kilometer Laufgräben und Tunnel, wo dreißigtausend Gewehre auf ihrem Strohbett lagern. Das Durcheinander ist grauenvoll, man erdrückt sich gegenseitig, bekommt keine Luft mehr. Fällt bellend auf die Steinstufen. Fiebrig recken sich die Arme, greifen und grapschen. Dann kommen sie, mit der Hand die Augen vor der Sonne beschirmend, wieder hervor aus der Erde und bahnen sich einen mühsamen Weg durch die Menge, die in der anderen Richtung abwärts stürzt. Gott, wie schön ist doch ein Gewehr, wie senkrecht. Fast wie ein Spielzeug, ein Werkzeug, ein Zepter.

Zitadelle

Hier der Tempel des Horus. Acht Türme. Mit einer Mauer verbunden. Drei Meter dick. Stummheit. Taubheit. Kaum Öffnungen. Blind. Die Zitadelle. Turmhoch. In zwölf Jahren erbaut. Vom Tor zur Bastion geworden, flankiert sie die Stadt. Ein falsches Tor also. Festung, Lagerraum, Arsenal, Tresor, Gefängnis. Sie hat ihre Verliese, wie alle Schlösser der damaligen Zeit, ein toter Bauch. Entseeltes Gesicht des alten Ägypten. Gott aus Sand und Stein. Gigantische Masse. Stampe. Tarasque. Bàou. Man weiß nicht, welchen Sinn man dir geben soll, ob du jenes große obskure Etwas warst, Orion, Kokytos, Gott der Stille, tote, versteinerte Seele. Oder etwas ganz anderes, von dem wir nicht mehr wissen, Anat, denn die Reinheit deiner Proportionen täuscht, Zorn und Elend im Bunde, um dich hinabzustoßen.

Was zuerst ins Auge fällt, ist ein Ungleichgewicht. Zwischen dem Faubourg Saint-Antoine, den kleinen Häusern, den Hütten dahinter, den Gebäuden, und der Bastille. Sie überragt das Stadtviertel. Sie bebrütet es. Man fragt sich, was sie dort macht.

Sie verblüfft.

Die ganze Nacht lang hatten sich Gruppen unter den Türmen gesammelt. Die Wachen in der Zitadelle waren beunruhigt. In der Leere hatten Schüsse geknallt. Eine stumme, widerspenstige Menge streunte um die Festungsmauern. Man wusste, dass dort das Pulver war, dass der Kommandant de Launay es bei Nacht vom Arsenal in die Festung hatte bringen lassen und dass er weitere Vorkehrungen getroffen hatte, wie die Schubkarrenladungen von Pflastersteinen, die man oben auf den Türmen gesehen hatte. Frühmorgens waren die immer zahlreicheren Aufständischen aus dem Faubourg herbeigeströmt. Kinder spielten im Bach, Hunde bellten; auch große Möwen waren da. Ah! Nie werden wir wissen können, nie werden wir wissen, welches Lodern, welche Freude in den Herzen bebte; vielleicht können wir die gleiche Inbrunst empfinden, doch nicht am selben Tag, nicht zur selben Stunde, wir können die Memoiren noch so eingehend studieren, sämtliche Zeugenberichte sichten, Schilderungen lesen und Protokolle analysieren, es wird nichts zu finden sein. Den echten Stein von Rosette, mit dem man überall in der Zeit zuhause sein könnte, haben wir nie gefunden. Die Wahrheit schlüpft zwischen unseren Worten hindurch, wie das Zeichen unserer Geheimnisse.

Schon morgens war der Menschenauflauf um die Bastille weiter angewachsen. Bellende Hunde, ein Maulesel, der nach Paris gezogen wurde, betrunkene junge Leute. Ja, bettelarme Greise, dickbäuchige Ladenbesitzer und bildschöne Mädchen. Ab sechs Uhr morgens stand Nicolas d'Arras im Hof des Arsenals. Mit ihm die Brüder Moreau, François, Oberleutnant, dreiundzwanzig Jahre alt, und Philippe, Hauptmann, der nur ein Jahr ältere. Angehörige der Gardes françaises, kleine blau-weiß-rote Männlein. Man sieht eine Wolke aus Dreispitzen und Bärenmützen. Eine vorerst noch verstreute Menschenmenge ist fast nichts, sie bekommt auf allen Seiten Luft, man hat keine Angst, noch ist die Aufregung überschaubar. Doch dann zieht sich die Schlinge unmerklich zusammen, so als würde das Wasser steigen, und plötzlich berühren sich die Ellbogen, der Lärm ist immens. Ah! Wie es anschwillt, und diese zerzausten jungen Leute dort, die ihren Spaß haben! Und da, das alte Mütterchen, das sich in die Schürze schnäuzt!

Wie aufregend das sein musste, frühmorgens dort zu sein, sich zu necken und zu lachen – die eigene Angst zu überlisten. Nichts ist schöner und berauschender als der frühe Morgen. Ein kühler Wind fährt in die Haarschöpfe, bauscht die Hemden. Man kommt aus allen Ecken von Paris, besorgt, aber glücklich. Eine bereits riesige Menge strebt bis zu den Baracken rings um die Bastille. Sie sehen die Gewehre, die von den Türmen auf sie angelegt sind. Selbst haben sie nur Stöcke, Pflastersteine, ein paar Flinten und lächerlich wenig Pulver. Man verbrüdert sich mit den Gardes françaises und allen, die am Fuß der Festung stehen. Die Atmosphäre ist merkwürdig aufgeladen. Man ist sich nahe, ohne einander zu kennen. Man wechselt ein paar Worte, macht Späße – als sich plötzlich Schüsse von der Bastille lösen. Zwei Männer stürzen tot zu Boden. Einem Fünfzehnjährigen ist eine Kugel quer durch den Arm gegangen. Die Menge ergießt sich in den gewundenen Weg, entlang der Läden; man drückt sich an die Hofmauern, stiebt schreiend auseinander.

Ein Kerl versucht mit ausholenden Gesten, die anderen zusammenzutrommeln, er postiert vor den Kasernen ein paar Männer, die sofort die Türme unter Beschuss nehmen, doch die Geschosse streifen nur den Stein. Der Kerl heißt Fournier. Kaum den Kinderschuhen entwachsen, verdingte er sich als Bediensteter, bevor er mit fünfzehn das Abenteuer in Saint-Domingue suchte, wo man ihm den Spitznamen »Der Amerikaner« gab. Er ist ungeschliffen; hat kaum eine Schulbildung genossen; kann nur mit Mühe schreiben. Aber er versteht es, eine Truppe zu führen. Das Leben hat sich ganz von selbst um ihn verdichtet, er hat an den Hintertüren gelauscht, in Bistros gelebt.

Für einen Augenblick wirkt das Viertel tot. Die beiden Leichen liegen mitten auf dem Hof wie Stroh nach dem Gewitter. Dann kehrt die Menge langsam zurück, schleicht an den Mauern entlang. Doch der Beschuss geht weiter. Ein zwölfjähriger Junge wird getroffen. Er ist allein, außerstande aufzustehen. Fournier ruft ihm zu, er solle sich nicht bewegen, sie würden kommen. Ihn überkommt jene Mischung aus Wut und Mitleid, die seinen brennenden Charakter begründet. Da verlassen die Gardes françaises plötzlich ihre Deckung und schießen auf die Bastille. Fourniers Herz klopft schneller, er rennt über den Hof.

Einen Arm des Jungen über die Schulter geworfen, bringt er ihn vor den Kugeln in Sicherheit. Unverzüglich beschließt man, ihn ins Hôtel de Ville zu transportieren, die Verletzung ist gefährlich, es heißt, sofort zu handeln, man will ihn nicht krepieren lassen. Hastig hievt man ihn auf ein Brett. Schleppt ihn ruckelnd bis zur Straße. Doch die Rue Saint-Antoine wirkt auf einmal ungeheuer lang, das Brett schneidet in die Finger, der Junge stöhnt. Auch Fournier hat eine Kugel abbekommen; er humpelt. Er rottet alle zusammen, die ihm entgegenkommen. Er vollbringt grandiose sprachliche Heldentaten, brüllt, man bräuchte Waffen und Pulver, redet wie ein Plakatkleber für die Pfosten, Mauern und Palisaden. Wenn man ihm antwortet, das alles solle er mal im Hôtel de Ville fordern, entgegnet er, die Trage gegen das Bein geklemmt, dort seien sie schon gewesen, man würde ihnen nichts geben, der Pariser Bürgermeister sei ein Hundsfott. In ihrem Rücken wird nach wie vor geschossen; aber als sie Saint-Paul hinter sich gelassen haben, scheint es stiller zu werden, das Gewehrfeuer ist nur noch sporadisch und entfernt zu hören. Schüchtern nähern sich ein paar Leute. Man fragt, was dem Jungen fehle. Fournier erzählt alles und gerät abermals in Rage. Ein leichter Wind weht ihm ins Gesicht. Mit ihm beginnt die Revolution auf der Straße. Die Menge weicht auseinander. Die Männer sind erschöpft, Unbekannte helfen ihnen. In der Nähe des Brunnens legen sie eine Pause ein; schwankend stellen sie die Trage ab. Fournier befeuchtet ein Taschentuch für die Stirn des Verletzten.

Unter den Trägern ist ein auffallend großer Typ; er hält die Trage auf der einen Seite ganz allein. Fournier mustert ihn. Es ist ein Schwarzer. Fournier und der Neger schauen sich an. Das Kind redet wirr, es stöhnt. Man stellt es neben dem Brunnen ab; Fournier und der Schwarze beugen sich über den Jungen. Ich sehe die beiden Männer mit dem Kind, aber womöglich träume ich. Eine Sinnestäuschung: ein jähzorniger Mann, Fournier, der Mann des Streits, der ruinierte, zum Zorn bekehrte Stutzer, und der Schwarze, Delorme, die beiden Angesicht zu Angesicht, in der Morgenfrühe. Und so wie Fournier ein ehemaliger Siedler ist, so wie er seine Rumfabrik mit Knüppelschlägen aufgebaut und später alles verloren hat, ist auch der Neger kein dahergelaufener Kerl. Er heißt Guillaume Delorme. Vor einer Weile hatte er sich auf einer Versammlung von Siedlern beim Rechtsanwalt Joly hervorgetan; um die anderen auf die Palme zu bringen, hatte er die Beschwerdehefte mit *de Lorme* unterschrieben; ein Neger mit Adelsprädikat. Später, sehr viel später, als der Sturzbach alles mitgerissen hat, begegnet man ihm erneut am 2. Prairial, als er mit einer Kanone auf die Nationalversammlung zielt; auf den Straßen des Faubourg Saint-Antoine errichtet er die letzte Barrikade der Revolution.

Die Sonne taucht die Fassaden des Marais in rötliches Licht. Die Spiegel weichen zurück. Ein Lumpenhändler klaubt das Schluchzen zusammen. Fournier schnäuzt sich in den Ärmel, ohne den anderen aus den Augen zu lassen. Und ich stelle mir die beiden vor, Fournier, den Amerikaner, dessen Verbitterung sich unter seinen politischen Zorn mischt, und Guillaume Delorme, den Neger-Sansculotten; der eine weiß, der andere schwarz, wie zwei Flechtstränge, die sich irgendwo zwischen der Église Saint-Paul und der Croix-Blanche neugierig mustern und prüfen, womöglich gar beschnuppern. Ich stelle mir vor, wie sie sich über einen verletzten Jungen beugen. Sie haben den Ozean überquert, der eine, Sohn eines Sklaven, zwischen Zuckerfässern auf dem Weg nach Europa, der andere ein kleiner Landlümmel, der auf den Antillen sein Glück suchte. Ihre Leben haben sich gekreuzt, mitgerissen in unwiederbringlichen Widersprüchen. Doch manchmal korrigiert das Leben die Spur unserer Kämpfe; Fournier hat alles verloren und ist fluchend zurückgekehrt. Und nun stehen sie an einer Trage, der eine hält ein feuchtes Taschentuch, der andere die kalte Hand des Jungen. In Form von Wolken zieht der Atlantik über sie hinweg.

Der Verletzte hat Durst. Der Neger gibt ihm zu trinken. Das Kind lächelt und streicht über sein krauses Haar. Der Neger lacht. Die Augen des Jungen schließen sich. Seine Lippe zittert. Delorme zerwühlt sein Hemd, die Wunde ist leuchtend rot; er verbindet sie, so gut er kann. Seine schwarzen Hände sind voller Blut. Fournier spricht leise und hält den Kopf des weinenden Kleinen in seiner Hand. Er werde nicht sterben, sonst finge der Tag ja übel an. Von allen Seiten strömen Leute herbei, eilig, aufgewühlt in der Morgenfrühe, sie fragen, was los sei; die Schüsse haben sie geweckt. »Man tötet Kinder!«, entgegnet Fournier.

*

Gegen halb elf stürmten die Aufständischen vom Hôtel des Invalides kommend in die umliegenden Straßen. Die Plätze füllen sich, die Umgebung des Gefängnisses platzt aus den Nähten. Ein Gerücht kursiert. Ein Junge läuft von Gruppe zu Gruppe und plärrt, vom Norden her sei ein Bataillon des Königs im Anmarsch. Man beratschlagt vor den Türen miteinander. Winkt die anderen heran. Was für ein Elend! Ein Ladenbesitzer schlägt vor, zum Hôtel de Ville zu ziehen; die Nationalversammlung müsse benachrichtigt, Lafayette um Unterstützung gebeten werden. Doch sofort gibt es Gerangel und Gebrüll, Lafayette sei ein Hundsfott, der Vorsteher sei ein Hundsfott, man geht sich an den Kragen. Zwischen dem Palaver der kleinen Händler und dem Geschnatter der Fischweiber gelingt es einem dicken Kerl mit schwarzem Bart und offenem Hemd, ein paar Männer zusammenzurotten; und sie ziehen zur Porte Saint-Denis, um die Soldaten aufzuhalten. Doch nicht die königlichen Armeen marschieren gegen Paris, sondern Horden von Deserteuren.

Es heißt, an diesem Tag hätten sich nahezu zweihunderttausend Menschen um das Ungetüm versammelt – die Hälfte der Stadt, abzüglich der Neugeborenen, Greise und Kranken; das bedeutet, dass alle dort sind. Es muss eine großartige Menge sein, fast eine Gesamtheit. So etwas sieht man nie. Immer entzieht sich die Gesamtheit. Doch am Morgen des 14. Juli stehen hier die Männer und Frauen, die Arbeiter, kleinen Kaufleute und Handwerker, sogar die Bürger, Studenten und Armen; und bestimmt auch eine ganze Menge Räuber aus Paris, angelockt vom Chaos und der unglaublichen Gelegenheit, aber vielleicht auch, wie alle, von etwas anderem, das schwerer zu bestimmen, unmöglicher zu verpassen und sehr viel erhebender ist.

In der Festung wächst die Beunruhigung. Der Kommandant klettert auf die Türme. Er hört, tief unten, die ungeheure Menge zetern, sieht sie ringsum brodeln wie siedende Ätzbeize. Es ist, als wäre Paris von einem mächtigen Zauberstab berührt worden; von überall her ergießt es sich zwischen die gelblichen Gemäuer, durch die Gärten und entlang der Gräben. Überall Leute. Man muss sich das vorstellen. Muss sich für einen Augenblick vorstellen, wie der Kommandant und die Soldaten einen kurzen Blick über die Zinnen werfen. Man muss sich eine Menge vorstellen, die eine Stadt ist, und eine Stadt, die ein Volk ist. Man muss sich ihre Verblüffung vorstellen. Den dunklen, gewittrigen Himmel, den schweren

Westwind, die im Gesicht klebenden Haare, den Staub, der in den Augen brennt, vor allem aber die Menge aus sämtlichen Richtungen, an den Rändern der Gräben, an den Fenstern der Häuser, auf den Bäumen und auf den Dächern, überall.

Im Laufe ihrer langen Geschichte war die Bastille schon dreimal erobert worden. Zum ersten Mal am Tag der Barrikaden, dem 13. Mai 1588. Zum zweiten Mal beim Einzug Heinrichs IV. in Paris; sie leistete ein paar Tage Widerstand und fiel schließlich. Das dritte Mal während der Fronde. Aber am 14. Juli wird die Bastille nicht vom Herzog von Guise und seinem zwielichtigen Gesindel belagert, sie wird weder von den Regimentern des Königs von Frankreich noch von denen des Prinzen von Condé angegriffen. Nein. Die Situation ist gänzlich neu, ohne Beispiel in den Annalen. Am 14. Juli 1789 heißt der Belagerer der Bastille Paris.

Paris

Eine Stadt ist eine gigantische Verdichtung aus Menschen, aber auch aus Tauben, Ratten und Asseln. Städte gibt es seit ungefähr fünftausend Jahren, sie entstanden irgendwo zwischen Euphrat und Tigris, wie der Ackerbau, die Schrift oder der Garten Eden. Kain soll die erste Stadt gegründet haben, im Land der ewigen Wanderschaft. Und in der Tat ist jede Stadt eine Ballung aus Immigranten und Taugenichtsen, hier sammeln sich alle Heimatlosen. Die Metalle und die Kunst des Flötens sollen dort entstanden sein. Oft sind es Städte, die von Gott gestraft werden, Henoch durch die Sintflut, Sodom und Gomorra durch einen Feuerregen und Jericho zum Klang von Trompeten. Denn die Stadt ist das Mittel, das der Mensch gefunden hat, um dem Plan Gottes zu entkommen.

Doch dieses Mal, am 14. Juli 1789, wird Babylon stärker sein als die Sintflut, glühender als die Feuersbrunst, lauter als alle Trompeten. Jetzt ist die Stadt unermesslich, Paris ist eine der größten Städte der Welt, keine Siedlung mehr mit Agora und Forum, sondern eine moderne Großstadt mit ihren Vororten, dem Elend ringsum, mit Neuigkeiten übersättigt und von Gerüchten erschüttert. Dort leben Leute aus ganz Frankreich, aus dem Ausland sogar, Migranten, die in ihrer Mundart reden, ihre Leben vermischen und die Erfahrung der großen Zahlen, der Anonymität machen. Ja, künftig sind wir anonym, der alten Familie enthoben, von den feudalen Verhältnissen geläutert, befreit vom Gewohnten, erlöst vom Nahen.

Paris ist eine Masse aus Armen und Beinen, ein Körper voller Augen und Münder, folglich ein Heidenlärm, endloses Selbstgespräch, ewiger Dialog, mit unzähligen Zufällen, dem immer und überall Möglichen; Bäuche, die sich vollschlagen, Passanten, die scheißen und ihr Wasser laufen lassen, rennende Kinder, Blumenverkäuferinnen, tratschende Kaufleute, plackende Handwerker und Erwerbslose ohne Broterwerb. Denn die Stadt ist ein Vorrat an billigen Arbeitskräften. Dabei lernt man viel, wenn man erwerbslos ist. Man lernt herumzulungern, hinzuschauen, aufzubegehren und sogar zu verfluchen. Die Erwerbslosigkeit ist eine strenge Schule. In ihr lernt man, dass man nichts wert ist. Das kann nützlich sein.

Eine Stadt ist eine Figur. Kein Lustspiel oder Drama, nein, die Figur aus einem Freilufttheater, ohne Statisten, ohne Chor, ohne Inszenierung. Eine Masse, eine Menge, berauschendes Getümmel, Schar und Unzahl. Nach Paris ist man von überall her gekommen, aus Pontarlier, aus Gigny, Épernay, Loudun und Guémar, aus Montpeyroux, Quenoche und Verrières, und man ist Schneider geworden, Schuhmacher, Tagelöhner, Gehilfe, Bettler und Dirne. Sie heißen Mathieu, Guillaume oder Firmin mit Familiennamen, denn die Armen haben oft nichts Besseres zur Hand. Manchmal tragen sie auch denselben Namen und Vornamen, Pierre Pierre, Jean Jean; das besiegelt ihre Armut gleich doppelt. Sie nennen sich auch nach Berufen, Mercier, Krämer, Meunier, Müller, Lesaulnier, Salzsieder, Vigneron, Weinbauer, denn sie placken, vor allem sind sie ja da, um sich abzurackern. Dann wieder lächerliche Namen, Godailler, Quignon, Fagotte, Bourgeonnau, Tronchon, Pinard, weil sie nichts anderes sind als Geschmeiß und Ungeziefer. Auch Spitznamen tragen sie: Pasquier genannt Branchon, Munch genannt Meuche, Heu genannt Harmand. Doch bald wird man einen Namen haben, ja, man wird Étienne Lantier heißen, Jean Valjean und Julien Sorel.

*

In einem Jahrhundert sind über hundert Karten von Paris erstellt worden; doch die Stadt wächst an allen Enden. Sie ändert ihre Form, quillt ständig über. 1705 sticht der Geograf Nicolas de Fer einen Stadtplan für die Bedürfnisse der Polizei; doch kaum ist die Karte fertig, zack, ist sie auch schon wieder zu klein, die Stadt platzt aus allen Nähten. Jean de la Caille setzt sich dran. Es entstehen zwanzig wunderschöne Stiche, kleine, wie Kuchenstücke portionierte Teilchen. Doch abermals folgen die Ausruferinnen von Tisanen und alten Hüten den staubigen Postkutschen immer weiter, die Stadt ist widerspenstig, die beklemmende Bedrohung, allein zu sein, quält sie, sie breitet die Arme aus, räkelt sich in den Sümpfen und spreizt die Beine.

Obgleich doch ein artiger Mann, hatte schon Ludwig XIII. beschlossen, Paris Grenzen zu setzen, die Stadt einzuschnüren, und die königliche Verwaltung errichtete beflissen Schranken und Pfosten. Doch vergeblich. Die Stadt dehnte sich weiter aus. Später versuchte Ludwig der Große sein Glück; er wollte Paris mit einem unvernünftigen Plan in vernünftige Grenzen bringen. Die Stadt wuchs und wuchs, und während der Régence überbordete sie sich selbst. Jaillot fertigte eine neue Karte an, doch kaum hatte er sie vollendet, war sie in Minutenschnelle schon wieder veraltet. Sobald er volljährig ist, stürzt sich auch Ludwig XV. ins Gefecht, und der Abbé Jean Delagrive, der bereits zehn Jahre zuvor einen Plan der Hauptstadt veröffentlicht und, aufgrund seiner vermeintlichen Unvollkommenheit, wieder zunichtegemacht hatte, nimmt die Herausforderung ebenfalls an. Er führt zahlreiche Erhebungen durch, überlässt sich den lehmigen Windungen der Wirklichkeit, verirrt sich im Labyrinth der Sträßchen und Sackgassen, findet sich irgendwann wieder zurecht, und es ist seine Karte, auf der zum ersten Mal die Champs-Élysées auftauchen. Zu spät, die Stadt hat erneut das Weite gesucht und abermals die Pfoten gespreizt. Da zieht man alle Register, die Regierung hat die bucklige Stadt gründlich satt, es wird eingeebnet und abgeschliffen; die Stadt soll eben sein wie eine geografische Karte, glatt wie ein Blatt Papier. Und dann vermehren und überschneiden sich die Pläne, von Scotin oder Cassini, ein anderer Delagrive, der Seutter, Vaugondy oder Deharme, ein letzter Jaillot, alle nacheinander in einem Schluckauf. Nichts hilft. Die Stadt schwillt an, birst und erbricht sich, zeigt ihre Buckel; Belleville und Montmartre gehören künftig zu Paris.

Schließlich besteigt Ludwig XVI., der Gutmütige, den Thron; doch wie alle milden und großherzigen Tyrannen sollte er noch resoluter sein als seine Vorgänger. Schließlich will er seine Hauptstadt im Griff haben. Unter seiner als gutmütig geltenden Herrschaft wird vermessen, was das Zeug hält, Esnault & Rapilly erstellen eine wunderbare kleine Karte; darauf folgt die von Bonne, wo die Seine ihr schönes umgekehrtes Fragezeichen bildet; dann werden Esnaut & Rapilly rückfällig und versuchen, sich selbst zu übertreffen. Und noch viele andere Kakografen werden auf das Karussell springen und das Holzpferdchen erklimmen. Von Karte zu Karte sieht man die Stadt wie ein Kind auf Fotografien mit bloßem Auge wachsen, als blätterte man durch ein rasendes Daumenkino. Ah! Sie würden besser noch abwarten, die Geografen, bis sie sich zu Ende gestreckt hat, um ihr Porträt anzufertigen. Aber nein, sie wollen sie nach dem wirklichen Leben einfangen und sofort wieder auf ihr Totenbett legen. Die Stadt ist nicht einverstanden. Versailles wird ungehalten; da die Stadt keine Ruhe geben will, wird man sie mit einer riesigen Schranke umgeben, ganz anders als der alte Festungswall von Philippe Auguste. Mit Toren und Wegegeld; die Generalpächter lassen sich die Eintrittsgebühren bezahlen, die Stadt wird in Geiselhaft genommen, sie wird etwas ausspucken müssen. Und in der Tat ist Paris eingeschlossen; die Stadt wird mit einer riesigen Mauer aus Ziegel- und Werksteinen umgürtet. Man umzäunt über dreitausend Hektar. Die Bauarbeiten gehen zügig voran; 1786 ist die südliche Umgebungsmauer fertiggestellt; 1788 beaufsichtigt Ledoux die Vollendung der Rotonde de la Villette und kann durch ihren prächtigen Lichtschacht den Himmel bewundern. Die Pariser murren.

Doch die Mauer ist kaum vollendet, die Einweihung noch nicht gefeiert, als die Pariser in der Nacht vom 12. auf den 13. Juli die Zollschranken in Brand stecken und zahlreiche Breschen in die riesige Schale schlagen. Arme Mauer der Generalpächter! Sie sollte nicht länger gehalten haben als die Stadtpläne. Weder der Geometrie des Grundbesitzes noch der Kunst der Umzäunung ist es gelungen, die gigantische Menschenmasse festzuschrauben. Im Übrigen ist die Stadt eine große Baustelle, die Fußgänger bahnen sich einen Weg zwischen Gerüsten und Haufen aus Sand oder Steinen. Die Straßen dehnen sich in die Länge, alte Häuser werden abgerissen, und die Stadt streckt sich unaufhörlich weiter, lasziv und wollüstig.

Die Menge

Es gilt aufzuschreiben, was man nie wissen wird. Im Grunde weiß man nicht, was sich am 14. Juli ereignet hat. Die Berichte, die wir davon haben, sind spröde oder lückenhaft. Die Dinge müssen von der namenlosen Menge aus betrachtet werden. Und man muss erzählen, was nicht geschrieben steht. Muss es ableiten aus der Zahl, von dem, was man aus der Schenke und von der Straße weiß, was man tief aus den Taschen und dem Kauderwelsch der Dinge zieht, zerknüllte Liards, Brotkanten. Der Boden klafft. Man sieht die stumme große Zahl, sprachlose Masse. Sie sind dort, bei der Bastille, immer mehr Menschen finden sich in den umliegenden Straßen ein. Wer kein Gewehr besitzt, hat sich mit Stöcken bewaffnet, mit fiesen Eisenstücken, Spalthämmern, Korkenziehern, egal was! Vom Arsenal bis Saint-Antoine sind die Seine-Ufer schwarz vor Menschen. Bettler, Schuhputzer, Kutscher, die ganze Landbevölkerung, die auf der Suche nach Essbarem nach Paris gekommen ist. Die Studenten reißen die Pfähle von den Palisaden, die Beine von den Hockern, die Griffe von den Karren. Man springt und schreit. Schwere Wolken wälzen sich über den Himmel. Man pinkelt vor die Türen.

Was ist das, eine Menge? Niemand will es sagen. Anhand einer dürftigen, nachträglich aufgestellten Liste lässt sich immerhin Folgendes festhalten. Damals an der Bastille ist Adam dabei, geboren in der Côte-d'Or, Aumassip, Viehhändler, geboren in Saint-Front-de-Périgueux, Béchamp, Schuhmacher, Bersin, Tabakarbeiter, Bertheliez, Tagelöhner aus dem Jura, Bezou, über den nichts bekannt ist, Bizot, Zimmmermann, und Mammès Blanchot, über den ebenfalls nichts bekannt ist außer diesem hübschen Namen, der wirkt wie eine Mischung aus Ägypten und Jauche. Dabei sind auch Boehler, Stellmacher; Bouin, Gerber; Branchon, über den gar nichts bekannt ist, Bravo, Tischler; Buisson, Böttcher; Cassard, Polsterer; Delâtre, Kassierer; Defruit, Schmied; und Demay, Maurer; Delore, Verkäufer von Erfrischungsgetränken; Desplats, Hufschmied; Devauchelle, Wasserträger; Drolin, Schlosser; Duffau, Schuster; Dumoulin, Landmann; Duret, Bäcker; Estienne, unbekannt; Évrard, Posamentenmacher; Feillu, Wollarbeiter; Génard, Angestellter; Girard, Musiklehrer; Grandchamp, Metallvergolder; Grenot, Dachdecker; man weiß von Grofillet, Guérin und Guigon. Ah! Was für ein hübscher Reigen aus Säugetieren, kleinen Brueghel-Figuren.

Des Weiteren wären da Guindor, Kistenmacher; Hamet, Obstverkäufer; Havard, Hausverwalter; Héric, unbekannt; Heulin, Tagelöhner; Jacob, aus der Marne; Jary, Chausseewärter; Jacquier, unbekannt; Javau, Feuerwehrmann; und Joseph, Zimmermann! Merkwürdig, diese Namen, als ob man jemanden anfassen würde. Selbst wenn nichts mehr bleibt, nur ein Name, ein Datum, ein Beruf, ein einfacher Geburtsort, glaubt man zu ahnen, zu spüren. Als ließe sich ein Blick erhaschen, auf ein Gesicht, einen Gang, eine Silhouette. Und zwischen den Kiefern der Zeit meint man bisweilen Stimmen zu hören, von Jouteau, Kupferschmied; von Julien, Kaffeewirt; von Klug, Kerzenfabrikant; von Kabers, dem Preußen; und Kopp, dem Belgier; von Lamouroux, Mechaniker; Lamy, Hafenarbeiter; Lamboley, Tagelöhner; Lang, Schuhmacher; Lavenne, Maurer; die Stimme des Blechschmieds Lecomte, und sogar die von Lecoq, die gleichwohl nicht mehr Spuren hinterlassen hat als eine Fliege. Tausende von Kerlen mit ihren Schürzen, mit ihren Spießen, Äxten und Messern. Darunter Peignet, dessen Mutter Anne Secret heißt, was wirklich zu schön ist; Richard, der eines Tages blind im Hôtel des Invalides endet. Und Sagault, der in einer Stunde sterben wird. Julien Bilion, der ein Stückchen weiter mit den Kameraden schwatzt. Da wären Poulain, Schwerarbeiter; Vachette, Tagelöhner; Jonnas d'Annonay, Jacob aus dem Bas-Rhin und Secrettain aus Boissy-la-Rivière, und Raison, und Cimetière, und Conscience, und Soudain, und Rivière und Rivage.

Gewiss, ein Name ist nicht viel. Ein Beruf, ein Datum, ein Ort, der bescheidene Personenstand, ein Etikett. Das sind die Silben der Wahrheit. Legrand, der Pförtner war; Legros, Hauptmann; Legriou, Uhrmacher; Lesselin, Handarbeiter; Masson, der Nagelschmied; Mercier, der Färber; Minier, der Schneider; Saunier, der Seidenarbeiter; Terière, der Brettschneider; Mique, der Schlosser; Miclet, der Hundsfott; die Gebrüder Moreau, ebenfalls Hundsfotte; Motiron, der Schnürsenkelfabrikant; Navizet, der Vergolder; Nuss und Oblisque, die Nichtshaber; sie alle haben tatsächlich existiert und geschuftet und gegessen und getrunken, ganz Paris durchkreuzt – und standen an diesem Tag in Fleisch und Blut vor der Bastille. Ja, dort waren Pinon, der Stiefelmacher; Paul, der Arzt; Pinson, Potron und Pitelle; ja, sie waren alle da, hinter ihrem Dreitagebart und dem verrosteten Seelengitter, und kauderwelschten am Fuß der steinernen Festungsmauern.

Ja, ganz da unten zwischen den Bäumen im Park des Arsenals und den Gässchen des Faubourg wissen wir von einem Plessier, und von einem Ramelet, Fuselverkäufer, der bestimmt aus Leibeskräften brüllte; da stand ein Pyot aus dem Jura, ein Raulot von nirgendwo, ein Ravé von wer weiß woher, ein Quantin, ohne Anschrift, ein Quenot! Offenbar gab es sogar einen Poulet, und einen Quignon, einen Rebard, einen Robert, einen Rogé und einen Richard. Es war für jeden Geschmack etwas dabei, für das ganze Telefonverzeichnis. Es gab einen Roland mit einem *l* und einen mit zwei, es gab einen Roseleur und einen Rotival. Ah! Wie anrührend Eigennamen doch sind; das Bastille-Telefonbuch ist besser als die Liste der Götter bei Hesiod, es ist uns näher, frischt unser Hirn auf. Also schnell weiter im Text, nur nicht aufhören, nennen und benennen wir sie, erinnern wir an die Hungerleider, die Langhaarigen, die großen Zinken, die schielenden Augen, die hübschen Jungs, an alle. Erinnern wir kurz an jenen Saint-Éloy, der durch einen glücklichen Namenszufall in Saint-Éloi lebte und sich als Inhaber einer Badeanstalt eines schönen Berufs erfreute, erinnern wir an Saveuse, den Gendarmen, an Sassard, die Memme, Scribot, die Landratte, Servant, den Angestellten, an Sérusier, den Gemüsehändler, und an die beiden Simonin, der eine aus Ludres, der andere aus Bayonne, und an Thurot aus Tournus, und an den großen Athanase Tessier, den niemand kennt, aus Gisors gekommen, vermutlich ganz alleine, und der mit seinen dreiundzwanzig Jahren glücklich mitten in der Menge steht. Denn sie sind verdammt jung vor den Gräben der Bastille. Tabouireux ist zwanzig, Thierry sechsundzwanzig, der andere Thierry neunzehn, und der dritte Thierry, dessen Alter unbekannt ist, wird kaum älter gewesen sein. Tissard ist dreiundzwanzig, Trouverey einundzwanzig, Tramont zwanzig, Tronchon einundzwanzig und Valin zweiundzwanzig Jahre alt. Nichts ist herrlicher als die Jugend. Aber da sind auch die Namen ohne Datum, ohne Beruf, ohne nichts, die vielleicht noch anrührender sind, die Verneaus, Vichots und Viverges, wer hat mehr zu bieten? Es gibt Perdue, genannt Parfait. Paul, genannt Saint-Paul. Vattier, genannt Picard. Bouy, genannt Valois. Bulit, genannt Milor. Cadet, genannt Labrié. Cholet, genannt Bien-aimé. Da sind die Väter und die Söhne, die Brüder. Guillepain I. und Guillepain II. Tignard I. und Tignard II. Wir haben Voisin I. und Voisin II. Die beiden Caqués. Die beiden Camailles. Vier Barons. Wir haben Berger und Bergère. Gitte und die beiden Goutards. Wir haben Petit, und wir haben Lenain. Villard, Commissaire genannt. Wir haben Becasson. Boulo und Bourbier. Caillou und Canon. Wir haben Quitte und Pardon. Wir haben Renard, der seinem Roman, und Robin, der seinem Lied entstiegen ist. Einen Roussel, der Kadett ist. Wir haben Lelièvre und Leloup. Leblanc und Lenoir. Wir haben Ride und Ridelle. Tiné und Tinard. Es gibt einen Tétu. Es gibt einen Tondu. Und dann bröckeln die Namen, sie nutzen sich gegenseitig ab, so gibt es Pahn und Prou, Wouasse und Onasse. Und dann den so sanft benamten Pecheloche, und den Pasquier, genannt Branchon, und den Parmentier, der in Regret, und Pierrat, der in Liesse lebt.

Die meisten sind Zugewanderte. Sie sind auf der Suche nach Arbeit hergekommen und stauen sich in den Vororten. Das Land, aus dem sie stammen, spricht den Dialekt des Béarn, des Baskenlandes, des Berry, den Dialekt der Champagne, den aus Burgund, der Picardie oder dem Poitevin, und sogar Unterdialekte, aus dem Maraîchin, dem Mâconnais, dem Trégorrois, und immer so fort. Jary zum Beispiel kam aus Saint-Mars-d'Outille, Houard kam aus Jouy, Falize war aus Amiens, Folley aus Citers, Garneret aus Quenoche, Garson aus Beuvrage; und da waren die Emigranten, die sich von weit her losgerissen hatten, Medel, aus Mutzig importiert, Cabers, aus Louvain importiert, Kiffer, aus Oberdorff eingeschmuggelt, und der schöne Calcina Melassi aus dem Piemont.

Ah! Man verspürt ein merkwürdiges Wohlbefinden, eine Art von Glück, das man so nicht kannte. Singend strömt man bis zur Croix-Faubin. Fagotte schwatzt mit einem Kerl, der aus Pontarlier kommt und den denkwürdigen Namen Athanase Gachod trägt. Alle schwatzen. Lapie, der aus Paris kommt, schwatzt mit Melot, der aus Malbrans ist. Naizet, der Schausteller, schwatzt mit Collet, der aus Landrecies kommt.

Sämtliche Dialekte, Mundarten, Berufe mischen sich. Feuillet, aus Issoudun gebürtig, und Boussin aus La Vèze, Bournillet, der sich aus Allonnes aufgemacht hat, und Bezou, der von nirgendwo kommt und vierzig Jahre später in Paris an der Cholera verrecken wird, und Bastide, der aus Aimargues stammt, dorthin zurückkehren und elendig verrecken wird, und Bock und Boisson, und die beiden Bocquets, der eine aus Venarrey, der andere aus Dompierre. Verrückt, was eine Vorstadt an Leben enthält! Und während die Zeit die Spuren von mehreren Hundert Männern bewahrt hat, bleiben uns von den Frauen nur wenige Namen: Marie Choquier, Catherine Pochetat, Marie Charpentier und Pauline Léon. Hier hält er inne, der Strom; er versandet. Und obwohl die Frauen von unseren Gedächtnissen so stiefmütterlich behandelt werden, obwohl ihre Familiennamen verschollen sind, obwohl uns ihre Adresse, ihr Geburtsdatum und Geburtsort nicht überliefert sind, bleiben uns doch wenigstens die Namen der damaligen Zeit. Sie heißen Thérèse oder Marie-Thérèse, Louise oder Marie-Louise, Catherine oder Marie-Catherine, Jeanne oder Marie-Jeanne, Anne oder Marie-Anne, denn es gibt Tausende von Maries in dieser Menge des 14. Juli und Tausende von Jeannes, aber auch Geneviève, Élisabeth, Madeleine, Françoise, Gabrielle, Julienne und Marguerite, ja, sie sind alle da, sie haken sich bei Bock und bei den beiden Bocquets ein, bei Venarrey oder bei Dompierre. Mit Melot teilen sie sich einen Apfel, Barrot rufen sie einen Scherz zu, mit La Vèze und Bournillet tauschen sie ein Lächeln. Aber sie werden noch mit dem Namen ihres Mannes gerufen, die Garnier, die Lorion, die Gerveau, die Lambert, die Blanchet, die Jutor, die ihre Wäsche schlägt, die Cotin, die in der Kneipe pichelt, die Beaudra, die ihre Scheuerlappen auswringt, die Quinquet, die die Kerze löscht, die Titus, die ihrem Buben den Hintern abwischt, die Navet hinter ihrer Theke und die

Bassin vor ihrem Waschplatz. Und diese Frauen haben Berufe; sie sind Warenanpreiserinnen, Näherinnen, Arbeiterinnen, Schleiferinnen, Stuhlvermieterinnen, Ausruferinnen von alten Hüten, Fischverkäuferinnen, Spazierstockverkäuferinnen, Obstverkäuferinnen, Nadel- und Kerzenverkäuferinnen, Verkäuferinnen von Hahnenkämmen, Verkäuferinnen von allem.

Und wie viele gibt es noch, deren Namen dem Vergessen anheimgefallen sind? Niemand weiß es. Niemand kennt sie. Dabei gibt es ohne sie keine Menge, keine Masse, keine Bastille. Bis zu ihnen muss man sich durch den kleinen Wald der Augenzeugenberichte vorkämpfen, über die kleine, ausfransende Lichtung, die bei den wichtigen Zeugen beginnt und verblasst, je näher man der Menge kommt und je näher dem Volk. So muss man von Cholat, Weinhändler und Analphabet, der indes eine diktierte kleine Denkschrift hinterließ, über Claude – der damals zweiundzwanzig und der Sohn von Antoine, einem Kupferschmied, und Marie-Louise war und der 1789 in der Rue de Lappe wohnte, für sich bereits eine kleine Geschichte – den Weg noch ein bisschen weiterverfolgen bis zu Roger, von dem man nur den Namen kennt, nur das, Roger, und von da aus, von diesen beiden dürftigen Silben aus, die seitdem so oft gerufen wurden, über die Schenktische, in sämtlichen Fabriken von Frankreich und Navarra, muss man tief aus der schaurigen Stummheit der geschriebenen Dinge endlich jede Spur aufgeben, sich von der Gelehrsamkeit verabschieden, die Archive beiseitelassen, nach dem Nichts schnappen und sich in den großen Kübel stürzen, voller Namenloser.

Ein Vertreter des Volkes

Die Wolken peitschen den Himmel. Der Wind pfeift durch die Straßen, duckt sich unter den Dächern und bildet große Schärpen aus Staub. Man blinzelt mit den Augen, man atmet hinter der vorgehaltenen Jacke. Eine gewaltige Aufregung hat sich der Vorstädte bemächtigt, man fürchtet die königlichen Regimenter, die Paris umzingeln, erinnert sich an Réveillon und die dreihundert Toten; man will sich nicht mehr unterkriegen lassen. Manche erzählen, der Prinz von Lambesc halte auf das Hôtel de Ville zu. Man braucht Waffen und Pulver, um sich zu verteidigen. Und unaufhörlich strömen neue Gruppen von Arbeitern und Handwerkern, Männern und Frauen durch die Porte Saint-Antoine. Irgendwie drängt man in den Weg zur Avancée hinein. Bock und die beiden Bocquets bilden eine Räuberleiter. Hinter ihnen fragt eine Frau, was sie *sähen würden*. Toinette küsst Bezou. Madeleine zerzaust Melot das Haar. Plötzlich weicht man auseinander, eine Abordnung aus dem Hôtel de Ville kämpft sich durch die Menge. Die Soldaten drängen die Neugierigen zurück. Drei Männer, Jacques Belon, Officier de l'arquebuse, Charton, Sergent aux gardes, und Billefond, Sergent-major, versuchen sich mühsam bis zur ersten Zugbrücke vorzukämpfen. Eine Stuhlvermieterin amüsiert die Umstehenden mit ihrer Nachäffung. Rings um sie ein riesiger Menschenauflauf, es gelingt ihnen nur mit Mühe, sich einen Weg zu bahnen; man macht sich ein bisschen über sie lustig, man lacht und schubst sie scherzhaft. Als er die gewaltige Menge in ihrem Gefolge sah, ließ der Kommandant der Bastille sie wissen, dass sie nur zu dritt hereinkommen könnten, er werde drei Unteroffiziere als Geiseln herausgeben. Schließlich wurde die kleine Abordnung empfangen.

Höflich bat sie, de Launay möge die auf die Stadt gerichteten Kanonen zurückziehen. Es heißt, Bernard-René Jourdan de Launay sei unerfahren und seine Verteidigung schlecht vorbereitet gewesen, ja, er habe einen schwachen und unentschlossenen Charakter gehabt. Doch in den letzten Tagen vor dem Aufstand hatte de Launay die Abwehrkräfte erheblich verstärkt. Er kannte die Zitadelle in- und auswendig; als Sohn eines Kommandanten der Bastille soll er zwischen ihren Mauern zur Welt gekommen sein. Launay war, da seine Tochter den Baron de Jumilhac geehelicht hatte, dessen Vater ebenfalls Kommandant der Festung gewesen war, doppelt mit der Bastille verbandelt. Bis zu seinem neunten Lebensjahr hatte er hier gelebt, war über ihre Türme gerannt, hatte ihre Keller erkundet und auf den Lafetten der Kanonen balanciert. Seine ganze frühe Kindheit hatte er hier verbracht. Am 14. Juli 1789 lebte er seit ungefähr zweiundzwanzig Jahren in der Zitadelle. Zweiundzwanzig Jahre! Er war also alles andere als ein Grünling.

Die Kanonen werden aus den Schießscharten gezogen. Der Kommandant lädt die Abordnung zum Frühstück ein. Doch die Menge beruhigt sich nicht. Man ist auf die Dächer geklettert, hat die Laternen erklommen und macht sich über die drei inzwischen in der Bastille befindlichen Kerle so seine Gedanken. Die Leute reden, streiten, palavern. Die Frauen verteilen Fusel; unter ihnen ist ein Name geblieben, Marie Choquier. Sie ist dreiundzwanzig, ihre Mutter ist Weinhändlerin in Laval, das ist alles, was darüber bekannt ist.

In einem fort wächst die Menge. Sie wird dichter und dichter. Die Aufständischen vom Hôtel des Invalides sind mit ihren Flinten gekommen und verlangen nach Pulver. Eine zweite Abordnung bahnt sich mühsam ihren Weg. Es ist die berühmteste der vier Abordnungen, die an diesem Tag zusammenkamen; an ihrer Spitze: Thuriot de La Rozière in Begleitung zweier Soldaten, Bourlier und Toulouse. An der Zugbrücke lässt Thuriot seine beiden Leibwächter stehen; ein Invalide geleitet ihn zum Kommandanten. Belon war noch dort, er beendete gerade eine Erfrischung. Thuriot und er grüßten einander liebenswürdig, dann verließ Belon die Bastille. Aber der Menge war die Zeit lang geworden; man puffte ihn in die Seite und fragte, was denn besprochen worden sei, was er gefordert oder erreicht habe, und da seine Antworten wirr waren und die Menge zahlreich, wurde er ein bisschen härter in die Zange genommen. Ein tapferer Kerl, Ribaucourt, kam ihm zu Hilfe und schaffte es, ihn zu befreien. Und so kreuzten sich in einem drolligen kleinen Ballett die ersten beiden Gesandtschaften. Die Leute aus dem Hôtel de Ville möchten, dass die Kanonen zurückgezogen werden, um die Gemüter zu beruhigen; aber von einer Verteilung des Pulvers ist keine Rede. Zwischen dem Volk und seinen aus dem Hut gezauberten Abgesandten klafft sofort ein Graben. Die ganze Revolution ist schon da. La Plaine oder La Montagne. Konstituante oder Konvent. Aufschub oder Volkswille. Es ist halb zwölf Uhr vormittags.

Thuriots Abordnung kam aus dem Distrikt Saint-Louis-de-la-Culture. Er hatte die Absicht, den Einlass einer Bürgerwehr zu erwirken. Um die Menge zu besänftigen, wollte er sichergehen, dass die Kanonen tatsächlich zurückgezogen wurden und nicht geladen waren; er verlangte Zugang zu den Türmen. Der Bericht dieser Episode ist Michelets Meisterstück, eine packende, anrührende Passage, in der er *die Macht der Tränen* aufs Schönste auskostet. Er erfindet eine neue Rolle, die des Parlamentariers »ohne Furcht und Mitleid, der kein Hindernis kennt«. Dem großen Historiker zufolge verkörpert Thuriot »den zornigen Geist der Revolution«. Aber wenn all das den Leser mitreißt, wenn das Stück gelungen ist und sogar so gelungen, dass es für sich genommen eine bestimmte, eine menschliche und empfindsame Auffassung des revolutionären Drangs beschreibt; wenn es Jules Michelet schafft, die Abordnung von Thuriot de la Rozière zum strahlendsten Augenblick des Tages zu machen, zur symbolträchtigen Episode schlechthin, die er in den Mittelpunkt seines literarischen Aufbaus rückt, den Nabel seines 14. Juli; wenn er uns in Worte hüllt, uns trotz der dürftigen Ergebnisse dieses Ereignisses mit Ruhm berauscht, wenn er es aufbauscht und ausbaucht, bis eine danteske Szene draus wird, ein unwahrscheinliches Bravourstück, dann, weil er mit einem fantastischen Taschenspielertrick wie der Teufel, der Jesus hoch oben auf den Tempel befördert, die Silhouette des Abgesandten über die Welt erhebt. Mit einem jener großen Zauber des Schreibens trennt Michelet das Volk, die gewaltige schwarze Masse, die sich aus dem Faubourg Saint-Antoine heranwälzt, von ihrem Vertreter, dem eigentlichen Protagonisten der Geschichte.

Dabei war man nach über zwei Stunden, als Thuriot de la Rozière aus der Bastille kam, noch weit entfernt von diesem Dithyrambos; die Menge pfiff ihn aus. Thuriot wurde am Kragen gepackt, mit Äxten bewaffnete Männer umringten ihn. Man brüllte ihm ins Gesicht. Bourlier und Toulouse, die beiden Füsiliere in seiner Begleitung, waren in der Menge verloren; er war für einen Augenblick allein, mutterseelenallein. Man rempelte und rief ihn an, machte ihm Vorhaltungen. Bestimmt wurde ihm schwindlig. Er war damals sechsunddreißig; als Wahlmann der Abgeordneten des Dritten Standes bei den Generalständen mag er als Mann der Tribüne und des Salons zwar einen brauchbaren Redner abgeben, aber vor der Bastille fühlt er sich, umringt von einfachen Handwerkern, Kistenmachern, Schneidern und Kesselschmieden, nicht so wohl wie auf dem Podium. Und man versteht ihn, zwischen all diesen Leuten sieht er aus wie ein Herr. Es ist nicht wie in der Nationalversammlung, als er nach dem Sturz von Robespierre eine Versöhnung zwischen Montagnards und Thermidorianern versuchen wird, hier retten ihn keine Hinterzimmerverhandlungen, wenn ihn ein Marmorpolierer und ein Hafenarbeiter am Kragen packen. Jacques-Alexis Thuriot de la Rozière – er, der 1791 Abgeordneter der Gesetzgebenden Nationalversammlung werden sollte, Vertrauter Dantons, eifriges Mitglied des Jakobinerclubs, der später in den Konvent gewählt wurde, dort auf den Bänken der Montagnards saß und für den Tod Ludwigs XVI. stimmte, der sich in vorderster Front am Sturz der Girondisten beteiligte, in den Wohlfahrtsausschuss aufgenommen wurde, sich aber im Herbst den gegen die Terrorherrschaft protestierenden Gemäßigten anschloss und, plötzlich unauffälliger werdend, dem Karren entkam – sollte sich schließlich aus dem politischen Leben verabschieden; und lange nach dem 14. Juli, sehr lange danach, sollte er eine glänzende Karriere als Richter machen; so glänzend, dass er Staatsanwalt am Kassationsgericht wurde und Napoleon ihn am 15. Mai 1813 zum Chevalier de l'Empire ernannte. Und auch wenn das ein bisschen gemein ist, weil die Menschen womöglich einen Teil ihrer Zukunft in unguten, manchmal überwältigenden Determinierungen ausbrüten, kann man sich fragen, ob er an diesem 14. Juli 1789 nicht schon ein bisschen himmelblaues Kreuz auf silberweißem Grund war, das in der Mitte des Schildes mit einem zwölfzackigen Stern verziert ist, heraldisch rechts – statt des tapferen Soldaten Bourlier – mit einem offenen Auge, und heraldisch links – statt des treuen Toulouse – mit einer Sandwaage gerahmt, so wie sein Wappen ihn später heiligen sollte.

Nun aber zurück zu ihm, der von der Menge ramponiert wird, der den Schwindel spürt und sich wehrt, aber nicht aus dem Durchgang herauskommt, an dem man gerade die Gitter schließen will. In diesem Augenblick sind wir Lichtjahre von dem grandiosen Bericht Michelets entfernt, von dem stolz auf dem Turm thronenden Koloss, der den Kopf durch die Schießscharten steckt und dem das Volk einen ungeheuren Jubel entgegenbringt. Thuriot geht im Krebsgang, schützt sein Gesicht mit den Händen, sein Gehrock ist zerrissen, eine Hand packt ihn, seine Jackenknöpfe platzen ab, man reißt ihm das Hemd vom Leib. Jetzt sind seine Haare wohl nicht mehr ganz so schön gewellt wie auf dem Medaillon, auf dem sein Profil zu bewundern ist, nicht so akkurat über die Schläfen gekämmt; er muss völlig zerzaust, geradezu wüst aussehen. Und vielleicht hört er nicht, was man ihm sagt, wie so viele Parlamentarier nach ihm, er hört nicht zu, er begreift nicht, was die Menge *will*, er hört nicht, was man ihm zubrüllt, denn er hat bereits seine eigenen Vorstellungen, Interessen und Ansichten. Er denkt nicht, dass die Menge etwas wissen, etwas wollen, möglicherweise sogar Recht haben kann und dass letztlich sie der Souverän ist: die schwätzenden Weiber, die krakeelenden Kretins, die Leute, die ihn am Kragen packen und Rechenschaft verlangen.

In dieser Minute hört Thuriot womöglich kreischende Knirpse und bellende Hunde, die über das Pflaster schrammenden Räder eines Karrens. Er träumt. Er ist nicht mehr da. Er ist schon alt, im Exil in Lüttich. Er entsendet sich selbst ins Nichts. Er verhandelt mit der Sternwolke, die seine Augen verschattet, mit dem Brummen seines Schädels, dem Zischen in seinem Ohr. Die Vergangenheit überwältigt ihn, er schwadroniert vor den Werkstätten der Kathedrale, in seiner Heimatstadt Sézanne, ganz benommen vom Lärmen der Schuster, deren Läden sich in die Seiten der Kirche eingegraben hatten wie Parasiten, die am Stein nagen. Und während man ihn verdrischt, während Hemd und Gehrock in Fetzen sind, schnappt Thuriot, dessen Rosière gerade mit Spucke bespritzt, von dreckigen Händen besudelt, mit Tabaksaft marmoriert wird, vielleicht gerade unter dem Atem von Pichon nach Luft, einem Kesselschmied, der an jenem 14. Juli dort unter den Türmen stand, oder unter dem des guten Perdue, genannt Parfait, von dem man nur Namen und Spitznamen kennt, oder aber er keucht zwischen den geschlossenen Fäusten von Guignon, der nach einer soldatischen Laufbahn 1802 nach Privas zurückkehren und seinen schönen Beruf als Schneider wieder aufnehmen sollte, bevor er später, durch die Gnade der Ungewissheit, Briefträger wurde. Wie auf dem Tafelbild von Hieronymus Bosch – wenn es nicht doch von einem anderen, mysteriösen und vielleicht noch größeren Maler ist, denn die Kreuztragung übersteigt die üblichen Possen des Meisters, seine Grotesken, auf denen sich seltsames Froschgetier tummelt und auf denen man mit dem Arsch Flöte spielt und der Hintern mit Noten beschriftet ist. Ja, um Thuriot in der Menge zu erahnen, muss man sich ihre gesandwichten Köpfe vergegenwärtigen, muss sich an die fidelen, grinsenden Visagen erinnern, zahnlose Profile, Glubschaugen, zunehmend kahlere glänzende Stirnen, dunkle Löcher der Münder, aufklaffend, kariöse Zähne, Anhäufung von Gesichtern und Oberkörpern, Fratze um Fratze, und versteht folglich besser – nicht den Kontrast zwischen der Eleganz von Thuriot de la Rozière und der vermeintlichen Verwahrlosung der Menge, sondern, was Thuriot empfunden, was er halluziniert und verflucht haben muss.

Doch manchmal werden Schiffbrüchige gerettet. Bei seinem Anblick traten Bourlier und Toulouse mutig zwischen die Menge und den Parlamentarier. Schließlich riss ihn ein anderer Soldat, Aubin Bonnemère, der aus seinem Distrikt kam, von denen los, die ihn hielten, löste ihn aus den Händen von Marie Choquier, die ihn triezte, rettete ihn aus dem

Griff von Athanase Gachod, der ihn an seinem letzten Zipfel Hemd festhielt, und aus dem Schraubstock zwischen Thouvenin und Sagault, die seine Fresse mit ihren Fäusten bearbeiteten; Thuriot konnte also den Schauplatz ohne allzu große Wehwehchen verlassen und sich etwas durchgerüttelt vom Acker machen. Allerdings vermochte er sein Gefolge nicht völlig abzuschütteln, rings um ihn feindliche, bedrohliche Menschen, die erst noch hören wollten, was er zu sagen hatte, bevor sie von ihm abließen, und die wissen wollten, was die Männer von Welt im Inneren der Festung einander zugeraunt hatten.

Sobald er in Saint-Louis-de-la-Culture von seiner Mission berichtet hatte, ließ ihn die Menge etwas enttäuscht zum Hôtel de Ville zurückkehren. Dort gab er das Gleiche zur Auskunft, von Müdigkeit übermannt, zu nichts mehr zu gebrauchen. In diesem Augenblick verschwindet Thuriot, verflüchtigt er sich aus dem 14. Juli, *exit* Thuriot. Er hat seine Rolle ausgespielt, bevor die Belagerung überhaupt begonnen hat. Nach ein paar Minuten des Ausruhens wird er sich abermals nach Saint-Louis-de-la-Culture begeben und versuchen, die Gefahr zu bannen und die Unruhe in seinem Distrikt zu besänftigen. Doch noch bevor er aufbrach, gerade als er den Schauplatz verlassen wollte, während das Hôtel de Ville im Lichte seiner Abordnung über eine Bekanntmachung nachsann, um die Gemüter zu beruhigen und die Bevölkerung davon in Kenntnis zu setzen, dass der Kommandant *keineswegs beabsichtige auf die Menge zu schießen*, ertönte der erste Kanonenschuss.

Das Arsenal

Man weiß nicht, wohin der Schuss zielte. Von nun an wird alles verworrener. Die zeitgenössischen Berichte sind voller Ungenauigkeiten und Lücken. Es gab Verletzte. Aber wen? Desonel vielleicht, oder Jacques Greffe, die während des Aufstands getroffen wurden: der eine auf unbekannte Weise, der andere, der gewiss mit seinem schönen Akzent aus Bayonne brüllte, durch einen Schuss ins Bein. Die Menge musste zurückweichen, sich sogar verschanzen, in den umliegenden Straßen zusammendrängen, sich hinter die Schornsteine auf den Dächern verkriechen, hinter den Türen der Wirtshäuser verbarrikadieren. Man musste sich hinter den Bäumen dünnemachen, sich flach auf den Boden legen, vorwärts kriechen, rennen. Ja, man musste rennen und fliegen, musste aber auch aufrecht bleiben, Widerstand leisten. In Anbetracht der Anzahl gab es sicherlich kühne, wagemutige Leute. Von allem etwas. Die Gassenjungen krochen unter die Karren, die Frauen standen in den Hauseingängen. Und dann, als die erste Überraschung vorbei war, begann man wahrscheinlich, sich zu organisieren.

Nachdem er die Grève hinter sich gelassen hat, erreicht Cholat, ein kleiner Weinhändler aus der Rue des Noyers, das Seine-Ufer. Wahrscheinlich hat er geplärrt, mit den Möwen geschrien, dabei den Himmel abgesucht und angelernte Weisheiten getrillert, abgestandene Ausdünstungen von Jean-Jacques Rousseau, die er hinter seinem Tresen aufgeschnappt hatte und nun wiederholte wie ein mit Flüchen gespicktes Orakel. Bis zu diesem Tag hatte er Getränke serviert, mit seinem Wein gehandelt und Calvados ausgeschenkt, das entsprach ihm in etwa, und trotzdem träumte er von etwas anderem, er glaubte, das Leben könnte anders sein, besser. In seiner Wirtssprache sagte er sich, dass wir, meiner Treu, doch alle gleich seien, dass es ungerecht sei, wenn manche ihr Leben lang schuften müssten, während sich andere bedienen ließen. Das und noch vieles mehr sagte er sich wohl, halb ausgegorene Ideenrudimente, deren Fetzen die Grundlage seiner Reden bildeten. Von jeher trug er Weinkisten und spülte Flaschen; schon als Kind rackerte er im Keller der Rue des Lavandiers und trug die Korbflaschen für seinen Vater hoch. Er verteilte Stroh auf den Brettern, fegte morgens und abends aus, wusch die Gläser, spülte die Rinne vor dem Laden; und er hatte nichts anderes gelernt, als die Zeche der Kunden zu addieren und das Wechselgeld herauszugeben. Das war alles, was er konnte. Und dennoch hatte er zwischen zwei Kellergängen Zeit gehabt, sich seine Meinung zu bilden, eine Vorstellung von der Welt. Natürlich, seine Ideologie mochte schlicht, womöglich naiv wirken, im Bistro aufgeschnappte Bruchstücke des Gesellschaftsvertrags, ein Sammelsurium widersprüchlicher Erfahrungen – die eines Arbeiters, der auch Brötchengeber ist.

Heute aber schleppte er mit ein paar Kumpanen unter dem Eindruck dieser nebligen Gedanken tatsächlich Zentner von Gusseisen an der Seine entlang, während sie mit den Füßen die im Weg liegenden Äste wegstießen und schlecht verdaute Seiten aus der Enzyklopädie faselten, um sich Mut zu machen. Darunter waren sicher ehemalige Kunden, die er jahrein, jahraus, hinter seiner Bar plappernd und dröhnend, beschwatzt hatte. Doch jetzt schwatzte man nicht mehr einfach ein bisschen zwischen zwei Gläschen Trester, man rollte *echte* Kanonen auf die Festung zu. Entlang der Ufer hatte Cholat ein paar unter den Platanen lungernde Taugenichtse angeheuert; bereitwillig hatten sie sich der kleinen Gruppe angeschlossen. Und alle diese Männer marschierten nun auf die Bastille zu. Sie hießen Lenoble, Guyot, Ferrand, Lanneron oder Laverdure, dazu noch etwa hundert weitere Kerle, Deserteure, Spelunkenschmarotzer, Haie. Als sie in der Rue des Trois-Pistolets waren und an der schönen Teufelsfratze mit der herausgestreckten Zunge vorbeikamen, wollten manche die Artillerie unbedingt noch bis zur Rue Saint-Antoine schleifen. Zu den Kanonen, die Cholat schleppt, gehört eine, die, gänzlich versilbert und allerliebst, aus dem Garde-meuble stammt – es ist die Kanone des Königs von Siam.

Cholat schlägt einen Umweg über das Arsenal vor, dort finde man vielleicht noch einen Rest Pulver, es lohne sich wenigstens nachzuschauen. Unverzüglich biegt er in die Rue du Petit-Musc ein; diese Straße trägt einen hübschen Namen, den eines warmen, anschmiegsamen Geruchs. Aber eigentlich bedeutet er etwas anderes, traurigeres. Früher hieß die Straße Pute-y-Muse, wo die Dirnen tändelten und schlenderten. Der Name glitt immer weiter, wie Namen es häufig tun, und aus der *pute y muse,* der tändelnden Dirne, wird der allerliebste Petit-Musc, der kleine Moschus. Diese Straße gab es schon 1358. Manche Traditionen überdauern. Die Dirnen blieben dort in ein paar Gässchen. Die Armseligsten koberten im Port au Bled; regelmäßig wurden ihre Leichen in der Seine gefunden. Am 14. Juli lehnten sich dort bestimmt die Fensterhennen auf die Straße. Zwischen den Jalousien wurde gesungen. Die Kinder spielten Himmel-und-Hölle. Die Fliegen knaupelten an den Passanten. Ein Reigen heruntergekommener Gestalten unter den Hauseingängen, ein eintöniges, trauriges Bild. Cholat, ein paar Jungs im Schlepptau, trottet schnaufend mit seinen achtzig Kilo Fleisch vorbei. Er umrundet die Pfützen; aus den Fenstern oder von den Türschwellen rufen die Sirenen nach ihm, sie wollen wissen, was vor sich geht; er antwortet, man kämpfe, er wolle schnell zum Arsenal, um Pulver zu holen. Schweiß tropft ihm in die

Augen. Hinter dem salzigen Vorhang sieht er die kleinen Dampfsäulen der Île Louviers; ein Maulesel trottet zwischen den Barken. Man meint, Cholat würde durch den Schnee laufen, sein Hemd ist durchnässt, er guckt in die Luft, ach, könnte man doch die Sterne ernten wie Kartoffeln, könnte man nur gleichzeitig lachen und weinen.

Sobald Cholat die Rue du Petit-Musc hinter sich gelassen hatte, verbreitete sich die Neuigkeit. Die Tülpchen vom Port au Bled liefen lachend und mit gegenseitigen Zurufen die Rue de la Mortellerie hinauf, die Tippelmädchen wechselten aus der Rue Poirier mit ihrem gutartigen Namen in die Rue des Coquilles; die Trottoirpflanzen aus Planche-Mibray und vom Carrefour Guilleri, heute unter dem Asphalt verschwunden, hielten Kurs über die Rue Saint-Antoine; ebenso die aus Saint-Méry, aus Popincourt und Saint-Marcel, ja, schließlich strömten alle Prostituierten von Paris zur Bastille. An diesem Tag winkten die Dirnen keine Freier heran, sie halfen mit und pflegten die Verwundeten, wie immer an den großen Tagen der Geschichte.

Endlich, kurz vor dem Ufer, biegt Cholat links ab und rennt zum Wachhaus. Ganz außer Atem fordert er, man möge das Pulvermagazin öffnen. Er setzt sich einen Augenblick, legt seine Pistole auf die Stufen, seine Ohren sausen und er schließt die Augen. Seine Augenlider sind schwere dunkle Schwämme. Ihm ist, als würde er winzig klein und säße auf dem Rand eines riesigen, schwarzen Brunnens. Er hebt den Kopf, ein Invalide ascht seine Zigarette ab. Weitere Männer sind dazugekommen, sie zertrümmern mit dem Beil die erste Tür. Die Soldaten schauen ihnen zu. Da taucht plötzlich ein Kerl auf, völlig verängstigt, sagt, sie sollten wegen der Feuergefahr niemanden hereinlassen, und verteilt zitternd das Pulver. Aber es ist nicht genug, der Rest ist in der Bastille.

Zwei Nächte zuvor hatten die Schweizer Garden zweihundertfünfzig Pulverfässer dorthin transportiert; man hatte sie unter notdürftigen Decken in den Hof gerollt. Am folgenden Tag brachten die Soldaten sie in die unterirdischen Gänge. De Launay fürchtete offenbar, dass die Aufständischen das Arsenal an sich bringen könnten. Er hatte die Schießscharten vergrößern, die Zugbrücke reparieren und die Verteidigungsbauten der Bastille verstärken lassen. Nun wurde sie von der alarmierten Menge belagert.

Als das Arsenal ausgeräumt war, zog man die Kanonen über die Rue de la Cerisaie weiter Richtung Zitadelle. Es wurde immer wärmer. Keuchend schoben und schleiften die Männer sie weiter. Die Räder hinterließen ihre Schmisse im Schotter. Schließlich bog man auf den breiten Weg zum Arsenal ein, da stand die Bastille, von Angesicht zu Angesicht, wie zu einem Duell.

Ein erster Schuss löste sich. Es glich einem Wunder. Nichts geschah. Der Sand auf dem Weg brannte in den Augen. Er, Cholat, hatte noch nie eine Kanone betätigt oder mit der Muskete geschossen, er verkaufte sein Gesöff, bediente die Kunden, spülte die Gläser und schwatzte. Für viele der anwesenden Männer galt das Gleiche. Baron, genannt La Giroflée, wurde beim Manövrieren des Stückes der linke Fuß von den Rädern der Lafette zermalmt. Er stieß einen furchtbaren Schrei aus. Sein Schuh blutete. Man rollte die Kanone zurück. Man zog ihm die Gamasche und den Schuh aus, um seinen Fuß zu verbinden. Der Mann lud die Kanone weiter, der eine Fuß nackt, der andere beschuht. Ein gewisser Canivet, ein zwölfjähriger Junge, brachte ihnen hin und wieder Wein, ein Stückchen Wurst und Neues von dem, was auf der anderen Seite, in der Rue Saint-Antoine, vor sich ging.

Während die Kanone eine andere Kugel ausspie, kam ein

Mann durch den Rückschlag zu Fall. Er hatte versucht, mit einem Brettchen das Pulver anzuzünden. Der Mann war auf das Rohr gestürzt und hielt dabei so gut er konnte sein brennendes Schindelbrett fest. Der Schuss war zu schnell losgegangen, er strauchelte über die Lafette und verlor das Bewusstsein. Das dauerte fünf Minuten, berichtet Cholat in seiner kurzen Schilderung, aber in fünf Minuten können die Gedanken ins schier Unermessliche abschweifen; und an diesem Tag glitten die Gedanken wohl nicht weniger ab als sonst, im Gegenteil, und zwischen den die Mauern säumenden Baumreihen, die eine Art Gang bis zur Festung bilden, während seine verletzte Hand ihm zusetzte, sah oder hörte er in der Stille des Schmerzes etwas hinter seinen Augenlidern, bemerkte womöglich einen winzigen Wirbel aus Staub, den schnellen Flug eines Spatzen oder aber die soeben auf der Festung gehisste Flagge. Vielleicht hörte er durch den Nebel vier Kanonenschüsse. Danach ist nichts mehr von ihm bekannt. Der Mann verschwindet so, wie er in der Geschichte aufgetaucht ist, schlichte Silhouette.

Um die gleiche Zeit geht Jean Rossignol die Rue Saint-Antoine hinauf. Alle Läden sind mittlerweile geschlossen. Bei ihm sind Pigeau, Bildschnitzer, Pierron, Tischler, Fossard, Uhrmacher, Thirion, Kunsttischlermeister, und Rousseau, Laternenanzünder. Sie gehen an der Fassade der Jesuitenkirche, der heutigen Église Saint-Paul, entlang und hüpfen gerade über die Treppenstufen, als ein von der Bastille abgefeuerter Schuss einen Mann niederstreckt. Die Menge weicht in die Rue des Balais aus oder verschanzt sich hinter der Fontaine Sainte-Catherine. Stille. Der Junge ist ein Briefträger der Stadtpost. Sein Name ist unbekannt.

Namen sind etwas Wunderbares. Und Rossignol – Nachtigall – ist einer der wunderbarsten überhaupt. Er wurde in ärmlichen Verhältnissen im Faubourg Saint-Antoine geboren, als jüngstes von fünf Kindern. Mit zehn Jahren wurde Jean Rossignol in die Lehre gegeben. Vier Jahre später ging er aus der Hauptstadt nach Bordeaux, weil er sich einschiffen wollte. Doch vergebens. Von einem Goldschmied angeworben, wurde er eine Woche darauf wieder entlassen und begab sich auf Wanderschaft.

Seitdem war einige Zeit ins Land gegangen; er hatte sich in der Armee verpflichtet und sie acht Jahre später verlassen, um wieder als Goldschmied tätig zu werden. Am 12. Juli 1789 spaziert er durch Belleville und tritt gegen sechs Uhr bei einem Weinhändler ein. Gerade will er tanzen, da erscheint plötzlich eine Menge, die von abgerissenen und angezündeten Zollschranken faselt. Die Musiker ziehen sich zurück. In einem wilden Tohuwabohu werden die Tische umgeworfen. Er geht. Er läuft eine Stunde lang, allmählich verfliegt sein Rausch. Er läuft gern im Dunkeln durch die Stadt, den Faubourg du Temple entlang, als stürzte er einen inneren Steilhang herunter, rauchend, atmend, den Kopf voller Ideen. Er begegnet verstreuten Trüppchen. Man brüllt ihm zu: »Es lebe der Dritte Stand!« Das war sein erster Kontakt mit der Revolution.

Später unter dem Konvent wurde er, der kleine Bauerntölpel, General. Nach dem Sturz Robespierres sollte er ein Jahr im Gefängnis verbringen. Dort schrieb er seine Memoiren, deren erster Satz – »Ich stamme aus einer armen Familie« – per se etwas Neues ist. Man denke nur an die Erinnerungen von La Rochefoucauld, die wie folgt beginnen: »Ich habe die letzten Jahre unter der Regierung des Kardinals Mazarin in jenem Müßiggang verbracht, den die Ungnade für gewöhnlich nach sich zieht ...« Oder an die des Kardinals von Retz, deren koketter Anfangssatz »Madame, so sehr es mir auch widerstrebt, Ihnen die Geschichte meines Lebens darzulegen ...« gut tausend Seiten einleitet. Doch vorerst sitzt Rossignol nicht im Schatten und verfasst seine Memoiren, noch ist er nicht General, noch ist er nicht von Bonaparte aus Paris verbannt worden, noch wird er nicht von Gefängnis zu Gefängnis verbracht oder auf die Komoren deportiert, noch leidet er nicht an dem Fieber, das ihn, nachdem es ihn mit ein paar Erinnerungsfetzen reglos auf seinem Strohsack gelassen hat, binnen weniger Tage dahinraffen wird. Einstweilen ist er nur ein kleiner Arbeiter, der sich in Wirtshäusern herumtreibt. Doch jetzt gerade kraxelt er unter dem Kugelhagel die Rue Saint-Antoine vor dem Hôtel de Mayenne hoch. Der Appell, auf den er zwei Tage zuvor auf der Straße geantwortet hat, hat etwas wachgerufen und über sein Schicksal entschieden. Künftig besagt der Ausdruck »Dritter Stand« für Kerle wie ihn: arm gegen reich, die Gesamtheit der Nation gegen eine Handvoll Privilegierte, wie er fünf Jahre später in seinem Kerker eigenhändig schreiben sollte. Auf einem Stich, der von ihm überliefert ist, sieht Jean Rossignol traurig aus, er hat etwas Sanftes und Freundliches. Er ist noch immer jung, aber nicht mehr der kleine Arbeiter auf dem Weg zur Bastille, er muss inzwischen General sein. Etwas wie ein Grauschleier, eine Enttäuschung verdunkelt seinen Blick, als wüsste er, dass das Ende kein Spaß sein würde, als spürte er, dass die Welt andere Wege nehmen, dass seine Hoffnungen verraten würden. Es heißt, das Volk aus den Vorstädten habe nicht an seinen Tod dreizehn Jahre später geglaubt. In den Wirtshäusern von Belleville und Les Porcherons faseln die Fabulanten: Rossignol sei von den Komoren geflohen, er stehe an der Spitze eines düsteren, ungezähmten Volkes, dort drüben, in Afrika. So überlebte er in der Erinnerung.

Doch am 14. Juli zieht kein Gespenst gegen die Festung, noch trägt er keine Federn am Hut, noch ist sein Gehrock nicht mit goldenem Faden gewirkt, sein Haar nicht von den

Friseuren bearbeitet. Er ist neunzehn Jahre alt, jung und zerzaust, er glaubt an seine Wünsche. An jenem Morgen in der Rue Saint-Antoine brennt ihm die Brust, verzehrt ihn die Idee. Er wirft einen Blick nach rechts, bedeutet den Kanonieren, dass die Bahn frei sei. Er nimmt die Rue du Petit-Musc. Ein Stückchen weiter stürmt Claude Cholat ins Arsenal. Dreihundert Meter liegen zwischen ihnen. Sie kennen sich nicht.

Die Zugbrücke

Die Rue Saint-Antoine zerschlitzt die Bastille. Als wollte ein riesiger Rammklotz sie aufbrechen. Von allen Seiten strömt und sickert die Stadt. Man versteckt sich vor den Schüssen; Leute hinter allen Türen der Rue des Remparts, unter sämtlichen Bäumen des breiten Wegs zum Arsenal, hinter jedem Holzstapel der Rue des Marais. Die Bastille wird von der Menschheit umfangen. Aber es sind nicht die gutmütigen Horden, die auf den Marktplatz ziehen und dann wieder gehen; es ist eine Unzahl, bewaffnet mit Speeren, Spießen, verrosteten Säbeln, Mistgabeln, alten Taschenmessern, schlechten Flinten, Wurfspießen und Schraubenziehern. Die Waffen funkeln in einem tollen Tosen, ein Gewirr aus Stimmen und Schreien.

Der Angriff begann überall und nirgends, sowohl mit Gewehrschüssen als auch mit Schotter. Die Schreie spielten ihre Rolle. Die Flüche spielten ihre Rolle. Es war ein großer Krieg der Gesten und Wörter. Die drängende, glühende Menge warf mit Steinen und alten Hüten. Ein furchtbares Getöse, Verwünschungen. Die Soldaten, die von ihnen verkörperte Ordnung, wurden wüst beschimpft: Drecksärsche, Kuttelweiber, Pisstöpfe, Schnabelschnauzen, Scheißfürze, Scheißpullen, und alle Scheißdinge und alle Scheißfarben, rote Scheiße, blaue Scheiße, gelbsüchtige Scheiße. All das wurde mit derbem Spott abgefeuert. Als plötzlich abermals ein Schuss von den Türmen kam. Wie am Morgen brachte man sich schnell in Sicherheit, die Gesichter waren schweißgebadet. Ein Mann kroch mitten auf dem Hof über den Boden. Er stützte sich kurz auf den Ellbogen und stöhnte. Hinter den Türen, unter den Hauseingängen ließ die Menge ein dumpfes Röcheln vernehmen. Dieses Brummen stieg zu den Mauern empor; es schien von den verlassenen Straßen, den leeren Plätzen zu kommen. Der Verletzte lag unbeweglich da, mit langem schwarzem Haar. Die Sonne verstärkte das Gefühl der Trostlosigkeit. Und dann wurde das Gemurmel verständlich. Die Menge rief mit tiefer Stimme: »Mörder! Mörder!« Von überall her kamen die Leute langsam unter den Vordächern hervor; kleine Gruppen lösten sich aus dem Schatten und riefen immer lauter: »Mörder!« Wörter hinterlassen keine Spuren, aber sie sorgen für Verheerungen in den Herzen. Ein ganzes Leben lang erinnert man sich an ein Wort, an einen Satz, der uns berührt hat. Im Inneren der Festung wichen die Soldaten in einer unmerklichen Schwingung zurück. Sie empfanden ein furchtbares Gefühl von Einsamkeit. Die feuchten, schwarzen Mauern boten keinen Schutz mehr; sie schlossen sie ein.

Von diesem Augenblick an versteht man nichts mehr. Die Orte wanken, die Zeit stirbt. Alles überstürzt sich. Ein junger Lebensmittelhändler bemerkt, es sei ein Leichtes, den Wehrgang oben auf dem Gegenwall zu erklettern. Dieser Gang umrundete den Graben; von dort aus könne man direkt in die Cour du Gouvernement springen. Jean-Armand Pannetier, so sein Name, wird eine kleine Beschreibung seines Tages hinterlassen und unmittelbar wieder im Nichts versinken. Doch in diesem Augenblick, am Dienstag, den 14., ist er der Funken, der das Pulverfass entzündet. Da er hochgewachsen ist, postiert er sich vor die Mauer und macht eine Räuberleiter. Der Stellmacher Tournay besteigt sie als Erster. Er trägt eine blaue Weste. Er ist zwanzig Jahre alt. Acht bis zehn andere folgen ihm. Sie klettern über eine Krambude, die einem Tabakverkäufer als Remise dient. Die Menge ruft ihnen nach, man scherzt und ermutigt sie. Es herrscht ein unerhörter Radau. Tournay erklimmt das Dach des Wachhauses. Ein paar Kumpane winken ihm zu, der Wind bauscht seine Weste.

Ich wünsche mir, denke es mir so, dass der Stellmacher Louis Tournay in diesem Augenblick er selbst gewesen ist, wirklich nur er selbst, in seiner vollkommensten, tiefsten Intimität, dort, vor aller Augen. Für einen kurzen Moment. Flüchtige Tanzschritte auf einem Ziegeldach. Eine Abfolge von Arabesken, den Kopf frei und hoch erhoben, dann eine Reihe von Battements, von Piqués, sogar Pirouetten. Oder nein, doch eher langsame Schritte, kleine Glissaden, sanfte Pas de chat. Und plötzlich, unter dem weiten Himmel, in dem grau-blauen Tag, vergisst Tournay alles. In ihm erstirbt für einen Augenblick die Zeit. Er strauchelt neben einem Schornstein. Die Leute fürchten, er könnte stürzen. Oh! Auf der inneren Dachschräge geht er in die Hocke, die Ziegel verbrennen ihm die Hände; jetzt ist er nicht mehr zu sehen. Er ist allein. Die Cour du Gouvernement liegt vor ihm, leer. Er ist nur mehr ein Schatten, eine Silhouette. Die Soldaten auf den Türmen schauen zu ihm. Er springt in den Hof.

Dort ist er noch einsamer. Er erfüllt eine merkwürdige Pflicht. Niemand weiß, woraus die Freiheit gemacht, wie die Gleichheit zu erringen ist. Louis Tournay, der Stellmacher, der junge Zwanzigjährige, ist auf die andere Seite des Lebens gewechselt. Dabei ist er nichts anderes als ein Stückchen Menge, das dort, mutterseelenallein, in die Cour du Gouvernement gefallen ist. Der Hof ist weitläufig, furchtbar weitläufig. Tournay schaudert. Was mache ich bloß hier?, fragt er sich. Er wagt ein paar Schritte auf dem Kies. Womöglich hört er trotz des Lärms seine Fußsohlen auf dem Boden der Könige knirschen. Zu seiner Rechten befindet sich das Hôtel du Gouvernement, das die Soldaten der Festung verlassen haben. Die Gebäude sind wie ausgestorben. So, als wären sie schon immer leer gewesen. Vor ihm liegt der Weg zur Grande Cour, der Durchgang zur letzten Zugbrücke; dieser kleine Gang führt vom Ancien Régime zu etwas anderem.

Sobald die Landenge passiert, sobald der schmale steinerne Streifen durchquert ist, an dessen Ende das verriegelte Tor der Zitadelle wartet, sieht man nichts anderes mehr als ein schwarzes Loch.

Ein Kamerad springt seinerseits. Jetzt sind sie zwei. Der just vom Himmel gefallene Kerl heißt Aubin Bonnemère, er war vorhin schon da und Thuriots Gesandtschaft behilflich gewesen, als sie von der Menge vor der Bastille drangsaliert wurde. Aubin kommt aus Saumur. Er ist sechsunddreißig. Sein Vater ist Flussschiffer. Er hat am Ufer der Loire gelebt, hat die Jahr für Jahr wandernden Sandbänke beobachtet, die an den Ufern zehrenden Nebelschwaden. Aber nicht nur Louis und Aubin betätigen sich als Akrobaten, auf diesem Dach gibt es noch acht oder zehn andere Husaren. Man muss gut auf ihre diffusen Gestalten, Umrisse, Profile achten, auf die Redewendungen, die jede Erzählung nutzt, um ihre Leser zu bannen. Behalten wir sie noch ein wenig bei uns, diese acht bis zehn anderen, durch die Gnade eines Personalpronomens, wie winzige Kameraden, denn auch sie laufen über das Dach, sie kaspern möglicherweise herum und tanzen auf dem Horizont. Tournay steht im Hof, und in diesem Moment verschwinden sie, man trennt sich endgültig von ihnen, wird sie nie mehr wiedersehen. Es sind die kleinen Brueghel-Figuren, jene Schlittschuhläufer, die man von Kindheit an in der Ferne erblickt, vertraute Schatten hinten auf einem Gemälde, auf dem Eis. Dabei bewirken sie aus ihrem Nebel einen seltsamen Spiegeleffekt. Man fühlt sich ihnen näher als denen, die im Bildvordergrund lagern. Es sind ihre Silhouetten, nach denen wir Ausschau halten, die unsere Augen erahnen, die der Nebel benetzt. Und wenn wir träumen, gibt es nur noch sie.

Jetzt betreten Aubin und Louis das Wachhaus. Sie werfen die Schubladen zu Boden, öffnen die Türen; sie suchen die Schlüssel, aber sie finden nichts. Draußen schlägt die Menge auf die Zugbrücke ein, man wird ungeduldig. Man kommt von überall her, der gewundene Weg, der zum letzten Hof führt, ist rappelvoll. Darunter Collinet, der Hutmacher, mit Giles Droix, seinem Kameraden, und Varenne. Sie wollen um jeden Preis sehen, was vor sich geht. Es ist so laut, dass sie sich gegenseitig Wortfetzen in die Ohren brüllen. Varenne verliert einen Schuh. Die anderen witzeln. Er humpelt durch das Chaos. In der Rue Saint-Antoine heißt es, die Bastille sei offen. Also stürzt man zur Avancée. Alle wollen sehen. Jean Jullien will sehen, Laurent will sehen, Toussaint Groslair will sehen und Dumont will sehen. Sie haben kein Gewehr und keinen Speer, aber sie wollen die große Zugbrücke fallen sehen. Auch Falaise, der Schuhmacher, will sehen. Beim Verlassen seiner Bude hatte er sich zwei Bleikugeln in die Tasche gesteckt; er weiß allerdings nicht, was er damit machen wird, er ist ein bisschen schüchtern, Falaise, und auch ein bisschen alt. Er lupft seine Mütze und fährt sich mechanisch mit der Hand über den kahlen Schädel. Die Gerüchte verzerren das, was in ein paar Dutzend Metern vor sich geht. Die Zugbrücke der Avancée ist bereits erobert! Die Bastille fällt! Und die Menge drängt mit einem Höllenspektakel weiter und weiter. Und Rousseau, François Rousseau, der den wunderschönen Beruf des Laternenanzünders ausübt, will nicht das Nachsehen haben. Er denkt nicht mal daran zu kämpfen, und als würde die Bastille ganz von alleine fallen, nur weil es alle wollen, geht er, zusammen mit den anderen, ohne zu überlegen weiter und fasst dabei Joseph Dumont am Ärmel; er lässt sich von der Strömung mitreißen.

Louis Tournay schwingt sich bis zur Brückenklappe hoch. Die Soldaten auf den Türmen entladen ihre Gewehre auf die kleine Brücke. Eine Kugel trifft Jean Jullien und verkrüppelt seine Hand. Laurent wurde verwundet, Servet wurde verwundet, auch Lamotte bekam eine Kugel in den Fuß. Toussaint Groslair ging eine Kugel quer durch den Unterarm; er drehte sich um und wollte fortlaufen, doch weil das nicht reichte, traf ihn eine andere ins Hüftbein, direkt über dem Gesäß. Er machte ein paar Schritte rückwärts und fiel.

Man reichte Tournay eine Hacke. Er war schweißgebadet. Mit zerrissenem Hemd, die Füße zwischen die Steine geklemmt, wird er die Ketten der Zugbrücke zertrümmern. Die Gewehre oben auf der Festung spucken Feuer. Tournay sieht nichts mehr, hört nur noch das Schaben der Äxte auf der kleinen Brücke. Ah! Wie allein er plötzlich ist, allein mit seiner Wut und den Hunderten von Stimmen, die ihn antreiben, anspornen und verfluchen. Plötzlich weint er wie ein Kind. Er schlug immer weiter, schlug sogar noch fester, aber er weinte vor Wut und Traurigkeit. Die Tränen verschleierten seinen Blick; sie hinterließen lange Schlieren auf seinem staubigen Gesicht. Er ächzte und schlug, mit der Geste des Tiers, verbog die Ketten mit seiner Hacke, hieb und schimpfte, eine kleine, an der furchtbaren Vorrichtung nagende Fliege. Mit dem Beil hatte Aubin soeben die Riegel des Tors gesprengt. Er war inzwischen also der Einzige! Seine Verzweiflung nahm zu. Er holte immer kräftiger aus. Verletzte sich an der Hand. Und schlug noch und nöcher; er dachte nicht mehr nach, er hämmerte, traktierte die Eisenringe, behexte das riesenhafte Armband, schlug und schlug und schlug irgendwie auf irgendwas, hieb die Klinge zwischen die Kettenglieder, er verbog, verzog und verbeulte, am Ende seiner Kräfte, von den Unbekannten, die hinter den Türen brüllten, angefeuert oder angepöbelt. In diesem Moment erblasste der Himmel. Die Menge wurde immer giftiger. Man ließ die Fäuste auf die Brückenklappe prasseln, triviale Beschimpfungen im Wechsel mit großen Worten. Frauenstimmen, Ratschläge von Kneipenrednern. Jeder wusste, was zu tun war. Und Tournay ächzte, die Handflächen voller Blut.

Endlich geben die Balken nach, sie stürzen herab; die Zugbrücke sinkt in den Graben. In einer Staubwolke weicht die Menge zurück. Die Brückenklappe prallt lärmend ab und tötet einen Mann, der zu nahe steht. Tournay lehnt sich an die Mauer, benommen, aber glücklich, er weint. Niemand denkt mehr an ihn. Man drängt in den Hof. Man vergisst ihn. Er verflüchtigt sich. Sein Heldenepos währte nur Minuten.

Die Krankheit der Abordnung

Die Menge ballt sich am Fuß der Zitadelle. Die Bastille und Paris sind nur noch durch eine steinerne Brücke und einen hölzernen Vorhang getrennt. Fast wie ein Mantel-und-Degen-Roman, nur dass die Toten nicht wieder auferstehen werden. Zwischen den Hunderten von Menschen, die sich hier drängen, bahnt sich Collinet einen Weg. Er zieht seine Kameraden am Ärmel, los, kommt! Man lacht, mitgerissen von der Woge, die sich in den Hof ergießt. Falaise will nicht mitkommen; er versucht, zurückzuweichen, aber das ist unmöglich, es gibt zu viele Menschen, er kann nicht gegen den Strom schwimmen. Ein Unbekannter reißt ihm lachend den Hut vom Kopf und schmeißt ihn ihm wieder zu. Ein Kamerad schreit ihm etwas ins Ohr. Es ist François Rousseau, sie sind zusammen zum Kämpfen gekommen, aber während sie sich dem letzten Hof nähern, spüren sie eine Mischung aus Hochgefühl und Panik in sich aufsteigen. Man passiert die kleine Brücke und massiert sich für einen Augenblick hinter den zerschlagenen Ketten, um wieder zu Atem zu kommen. Und plötzlich ertönen wieder Schüsse. Allgemeines Gerenne. Ein Garde français stürzt tot zu Boden und Rousseau schnappt sich, ohne zu überlegen, dessen Gewehr. Der Lauf ist noch warm. Er nimmt das Pulversäckchen, vergisst jedoch den Ladestock; und nun marschiert er auf die Festungsmauer zu. Er bahnt sich einen Weg zwischen den rennenden Menschen. Er wird angerempelt. Der Schotter brennt in der Sonne. Der Himmel ist weiß. Rousseau ist glücklich; er zielt mit seinem Gewehr auf die Türme.

Das Geknalle wird immer heftiger. Eine Kartätschenkugel trifft einen Mann mitten ins Herz und reißt ihn in zwei Stücke; es ist Louis Poirier. Singend ist er die Rue de Charenton heruntergelaufen und jetzt erbricht er seine Gedärme. Das Chaos ist unbeschreiblich. Die Angreifer legen sich hinter die Brückengeländer. Männer laufen hastig über den Hof, Gruppen verstreuen und Freunde verlieren sich. Die Kugeln pfeifen. Es ist unerträglich heiß. Collinet klettert auf den Wall am Rand des Grabens; und von Weitem sieht er Falaise, der sich den Türmen nähert; er gibt ihm ein Zeichen. Im allgemeinen Tumult, zwischen den Strudeln aus Qualm, scheint Falaises Silhouette zu schwanken. Er hält die Hand in die Luft, man weiß nicht genau, weshalb, und schwenkt sie verzweifelt über der Welt.

Als das Gewehrfeuer aufhört, ist der Hof mit Leichen übersät. Die Stille hat eine merkwürdige Wirkung. Man zögert, aus seinem Versteck zu kommen. Nach und nach traut man sich aus der Deckung. Ein Verletzter lässt ein grauenvolles Geschrei vernehmen. Zwei Gardes françaises schleifen ihn unter das Vordach eines Ladens, der den Wehrgang säumt. An einer Mauer lehnt eine Leiche, der eine Krähe in die Schulter pickt. Plötzlich winkt Giles Droix; er hat Falaise gefunden. Sein bloßer, kahler Schädel glänzt auf dem Pflaster. Seine Seite ist ganz schwarz, der Daumen weggerissen. In seinen Taschen immer noch die beiden Bleikugeln, die er vor zwei Stunden zuhause eingesteckt hatte; er hatte keine Gelegenheit gehabt, sie zu benutzen. Ein Stückchen weiter, bei der Zugbrücke, hebt Collinet eine andere Leiche hoch, der Hals pisst Blut. Es ist François Rousseau. Die Fliegen zerfressen ihm die Augen. Man reißt zwei Bretter von den Kasernen. Auf das eine legt man Falaise, auf das andere Rousseau. Es ist etwa zwei Uhr nachmittags.

Nach Thuriots kläglichem Scheitern hatte das Hôtel de Ville seinerseits unverzüglich eine neue Abordnung entsandt. Sie bestand aus dem Vorsitzenden der Wahlmänner, Delavigne, dem stellvertretenden Abgeordneten Ledeist de Boutidoux aus Chignard und dem Abbé Fauchet. Man muss sie sich vorstellen: gewiss besser herausgeputzt als die meisten, denen sie auf ihrem kleinen Ausflug begegneten, eine idyllische offizielle Abordnung inmitten einer bewaffneten Menge. Sie hatten größte Mühe, sich einen Weg zu bahnen, was beweist, dass viele Leute hier waren, eine unerhörte Menschenmasse, mit dem wunderbaren Elan der Mengen, die in Rage geraten, wenn man sie bedroht. Man beachtete sie kaum. Die Belagerer hatten weiß Gott Besseres zu tun, als sich über eine x-te Abordnung zu echauffieren; sie kämpften. Zaghaft versuchten die Wahlmänner, sich der Festung zu nähern. Die Unzahl rempelte sie an, scherte sich nicht um sie. Ein paar vereinzelte Schüsse schreckten sie ab. Sie zogen sich zurück, für alle Fälle. Die kleine Abordnung kam nicht einmal bis zu den Festungsmauern.

Doch schon war eine neue Gesandtschaft unterwegs. Das Verhandeln ist eine verbreitete Krankheit. Diese Abordnung war die feierlichste. An ihrer Spitze stand der Staatsanwalt Louis-Dominique Éthis de Corny. Begleitet wurde er von Monsieur de la Fleury, Comte de Piquot Sainte-Honorine, und von Poupart de Beaubourg, der behauptete, direkt vom Finanzverwalter Karls VI. abzustammen, und als Dragoner-Hauptmann sowie Träger des Croix de Saint-Philippe an jenem Tag in einer feschen grünen Uniform steckte und seine Orden ausführte. Wenn man sich um ein vollständiges und wirklich treues Porträt bemüht, muss man hinzufügen, dass er später wegen Assignatenhandels verhaftet wurde und dann erneut wegen Plünderung, Veruntreuung, konterrevolutionärer Umtriebe, ja sogar wegen des Hortens von Gütern beim Sturm auf die Bastille. Aber wir wollen nicht vorgreifen. Dabei waren ebenfalls Pierre-André Six, angeblich Architekt, und der Rechtsanwalt Louis-Lézin de Milly, der, siebenunddreißig Jahre zuvor auf Martinique geboren, aus einer angesehenen Familie in Louisbourg stammte und nun bei Éthis de Corny höchstpersönlich als Staatsanwaltssekretär tätig war. Er vertritt eine gemäßigte Position und befürwortet, wie die meisten seiner Kollegen, eine konstitutionelle Monarchie. Zu seinen berüchtigten Beiträgen im Laufe der Französischen Revolution zählt seine am 20. Februar 1790 gehaltene Rede, in der er vor einer durch die Abschaffung der Sklaverei zwangsläufig bewirkte Zerrüttung der Kolonien warnt; er war Siedler. Wenig später sollte er einen Antrag gegen die Absetzung des Königs stellen, bevor sich seine Laufbahn friedlichen Polizei- und Überwachungsaufgaben zuwandte.

Wie man sieht, handelte es sich bei dieser mit viel Feingefühl und Pragmatik zusammengestellten Gesandtschaft um die Crème de la Crème der Abordnungen. Gegen zwei Uhr nachmittags verließ das muntere Trüppchen das Hôtel de Ville in weiser Voraussicht durch die Hintertür, da die vom Pöbel überschwemmte Place de Grève langsam gefährlich wurde. Gewissenhaft schritten sie die gewundene Rue du Martrois entlang, die der Rue Pet-au-Diable folgte. Gegenüber von Saint-Gervais bog die freundliche Kohorte rechts in die Rue Longpont ab; und dann beschloss man, wohl aus übertriebener Vorsicht, die Seine-Ufer zu nehmen. Sie machten zahllose Umwege, nahmen kleine Straßen und versäumten es nicht, die Patrouillen der Bürgermiliz anzuweisen, ja niemanden durchzulassen. Eine Ausweitung des Aufstands war nicht in ihrem Interesse. Schließlich trafen sie Coutans, Commissaire des Bureau de la Ville, am Quai des Célestins und forderten ihn auf mitzukommen. Und so durchquerte diese drollige Prozession wie durch ein Wunder den Volksaufstand.

Nachdem sie zweihundert Meter vorangekrebst war, erreichte unsere Gesandtschaft das Arsenal. In der Cour du Salpêtre befiehlt man dem Schweizer, die Tür zu schließen und alles möglichst gut abzudichten. Nun stehen sie in der Cour de l'Orme. Sie kommen ganz schön ins Schwitzen. Der Staatsanwalt, Louis-Dominique Éthis de Corny, ordnet einen Trommelwirbel und das Hissen der Fahne an. Die kleine Abordnung ist ein Modell an Disziplin mitten im Chaos.

Nachdem alles vorschriftsgemäß absolviert ist, schreiten der Comte de Piquot Sainte-Honorine, Boucheron, der Fahnenträger Joannon sowie der Trommler feierlich in die Cour du Gouvernement. Und da – Überraschung! – treffen sie auf unzählige mit Gewehren, Äxten und Stöcken bewaffnete Individuen, wie sie sich ausdrücken. Zitternd gibt die kleine Gesandtschaft in einem amtlichen Tonfall kund, die Stadt schicke sie zu Unterhandlungen. Vermutlich verwirrt, weichen die Kämpfer auseinander, und die Abgesandten gelangen bis zum Fuß der Zitadelle. Wohlerzogen nimmt Boucheron seinen Hut ab. Die Menge starrt ihn entgeistert an; darunter wahrscheinlich Fournier, der Amerikaner, Maillard, das zukünftige Konventsmitglied, und vielleicht La Giroflée, dessen nackter, verbundener Fuß inzwischen bestimmt schon ganz rot ist.

Im Inneren der Festung zwischen zwei Musketenschüssen hört man sie nur schlecht; schließlich befiehlt die Wache dem Volk zurückzuweichen, um die Abordnung vorbeizulassen. Die Abgesandten fordern die Kämpfer auf, das Feuer einzustellen. Das musste eine recht skurrile, bildhafte Szene sein. Stellen wir sie uns ruhig vor. Jean-Baptiste Balanche. Pierre-Louis Bidois. Jean Bole. Jean-François Boyer. Louis Chambin. Jacques Communeau. Pierre Crampon. Antoine Cras. Claude Niquet. Jacques-André Noël. Jean-Baptiste Roubault. Seit Stunden plagen sie sich unter dem Schnellfeuer, zielen mit ihren Musketen, entladen und flüchten sich wieder unter das Gewölbe. Dort zerreißen sie in Windeseile eine Rolle Papier, schütten die Zündpfanne voll, füllen das Zündkraut in den Schaft, dann die Kugel. Jacques schaut zu Pierre, sie kommen aus ihrem Unterschlupf hervor und richten den Lauf in den Himmel. Ein Funken entflammt das Pulver durch das sogenannte Zündloch. Dann müssen sie erneut in Deckung gehen, um die Waffe zu leeren und nachzuladen. Hoch am Himmel ziehen die Wolken vorüber, hin und wieder blitzten die Kanonen auf den Türmen. Die Silhouetten der Soldaten da oben sind fast unmöglich zu erreichen. Sie schweben am Firmament, zwischen den Möwen.

Binnen kürzester Zeit werden die meisten dieser Männer in Chemillé, in Vihiers, Dol, Coron und Moutière bei den Kriegen im Jahr II der Republik zu Tode kommen. Und während sie kämpfen – viele sind bereits verwundet, aber fest entschlossen, die Zitadelle zu erobern –, erscheint plötzlich eine kleine Gruppe von Bürgern und befiehlt ihnen, das Feuer einzustellen. Chambin lacht auf. Communeau hält ihnen seine Muskete hin und ruft, das gebe für sie wohl einen schönen Kleiderhaken ab. Man kalauert drauflos. Canivet kommt ihnen in die Quere und pfeift ein böses Liedchen. Ja, dieser Louis-Sébastien Canivet war pfiffiger als Éthis de Corny und seine Truppe. Gut möglich, dass Victor Hugos kleiner Navet – Gavroches Freund, der »Nieder mit Polignac!« ruft – seinen Namen zum Teil dieser feurigen Persönlichkeit abgeluchst hat. Er wurde schlicht Canivet genannt. Man hätte ihn auch Caniveau nennen können – Gosse.

Ein Taschentuch

Unter dem Hohngelächter machte die kleine Abordnung schließlich kehrt. Allein Milly bleibt für einen Moment vor der Festung stehen und schwenkt beherzt sein Taschentuch. Man muss sich mal die Grimassen vorstellen, die wohl die Stellmacher, Blechschmiede, die Pariser Klatschweiber und Gassenjungen zogen, als sie mitten in dem beispiellosen Tumult diesen Kerl sein Taschentuch auf den Spazierstock stecken und durch die Luft schwenken sahen. Milly geht vollkommen in seinem weißen Taschentuch auf. Die Wirkung muss ulkig, schockierend, irgendwie ungehörig gewesen sein. Perfekt ausstaffiert mit Hut, Gamaschen und Taschenuhr ist er zur Stelle, um die Gemüter zu beruhigen; so will es der Beruf der Leute aus dem Hôtel de Ville. Sobald ein Gemüt ins Gären kommt, wird es eingesperrt, sobald hundert oder tausend Gemüter ins Gären kommen, hetzt man ihnen die Gendarmen samt Gewehr auf den Hals, aber wenn Zehntausende Gemüter auf einen Schlag ins Gären kommen, ja, dann schickt man eine Abordnung, knotet einen Rotzlappen an den *stick* und wedelt ein bisschen herum.

Boucheron lässt Milly mit seinem Taschentüchlein alleine und geht zum Staatsanwalt, der mit der übrigen Abordnung vorsichtshalber unter dem Gewölbe steht. Väterlich gemahnt Éthis de Corny die Kämpfer ein letztes Mal, sich friedlich zu verhalten, damit er die Bastille betreten kann. Louis-Dominique hat zweiundfünfzig Jahre auf dem Buckel, wahrscheinlich ein kleines Bäuchlein und viele Freunde. Er hat mit Voltaire korrespondiert, pflegt Umgang mit Lafayette, und Jefferson ist heute sogar sein Gast in Paris, er hat wahrlich andere Sorgen. Er ist mit Marguerite-Victoire de Palerme verheiratet, die ihn in vermögende Kreise eingeführt und damit seine Karriere befördert hat. Nachdem er sich das Amt als Staatsanwalt erkauft hat, steht er im Zenit seines Lebens und weiß noch nicht, obgleich er doch einen kleinen Aufsatz über berühmte Männer verfasst hat, dass die Beteiligung an dieser schlaffen Abordnung seine einzige Ruhmestat bleiben wird, sein kleines Stück Himmel.

Doch Éthis de Corny dachte vermutlich an etwas anderes, er verfolgte den Strom weit zurück. Er behauptete, die Éthis stammten von Aed oder Aedh ab, einem schottischen König, der über die Pikten regierte, Urenkel von König Domangal Mac Domnall, und über ihn seien sie Nachfahren der Galicier, die wiederum auf die vor den Zehn Plagen geflohenen Ägypter zurückgingen. So ließ sich das Blut des Staatsanwalts bis in die biblische Antike zurückverfolgen. Ich weiß nicht, ob die Éthis de Corny mit den La Garde de Trancheliions verwandt sind, den Herren von Tranchelion im Limousin, oder mit den Becdelièvres, Herren von Moqueville und von Ronchoux, von denen sich einer beim Angriff des Pascha Ibrahim hervortat und später Oberster Wegeaufseher in der Normandie wurde, oder ob sie mit den Couffons, den sogenannten Couffon de Trevros, verbandelt sind, deren schillernder Name den Platz Nummer fünfundsechzigtausendzweihundertdreiundsiebzig der in Frankreich erfundenen Familiennamen innehat und deren ursprüngliche Besitztümer vielleicht einer finsteren Burg bei Plouarzel oder einem Edelhof in der Mayenne entsprechen; gleichwohl munkeln böse Zungen, dass der Großvater von Éthis de Corny keineswegs von den Pharaonen abstamme, sondern in Wahrheit Kneipenwirt gewesen sei – ich wage es nicht zu glauben.

Der Coup mit dem Taschentuch war ein Flop. Die kleine Nummer zog nicht. Das Publikum gab, barbarisch, weitere Musketenschüsse ab, ohne dem Schauspiel Aufmerksamkeit zu schenken. Auch der Offizierssäbel von Éthis de Corny war keine Sensation. Dabei war er derartig elegant mit seinem Stichblatt nach preußischer Art, seinem fein ziselierten Gefäß aus vergoldeter Bronze, der kurzen, mit einem auf Schilde montierten Federbuschhelm vor Fahnentrophäen verzierten Kappe, seinem bequemen, mit gewachstem Kalbsleder überzogenen braunen Holzgriff, damit er mühelos in der Hand liegt; ja, dabei sollte sein Schwert optisch doch für Aufsehen sorgen, mit seiner gebogenen, gebläuten und vergoldeten Klinge mit Hohlschliff, auf deren unteres Drittel Blattwerkkränze graviert sind, in der Mitte ein zum Angriff vorstoßender und mit einem Spruchband bekrönter Husar zu Pferde; und zugegebenermaßen war das Gefühl, diese leicht angelaufenen neunundsiebzig Zentimeter und sechs Millimeter Länge in seinen Körper eindringen zu spüren, wohl ein Privileg. Doch das kämpfende Volk war weder für die Holzscheide mit aufgeleimtem und gewachstem schwarzem Leder und ihren vier Garnituren aus getriebenem Messing empfänglich noch für sein mit Lorbeer und Palmen geschmücktes Mundstück, noch für die beiden Trageriemen, die kannelierten Ringzapfen mit ihren eingestanzten Wappentrophäen oder die Ringe aus vergoldetem Messing, noch für das lange, mit Girlanden geschmückte Ortband, auf dem ein Federbuschhelm auf einem Köcher mit Pfeilen erstirbt, noch für das mit Seidenfäden bestickte Koppel aus rotem Saffianleder, noch für den prachtvollen Verschluss aus zwei durchbrochenen Ösen, die mit einem s-förmigen und von zwei Schlangen verzierten Haken verbunden sind. Und man versteht es, das Volk, denn man muss nur einen Blick auf den Säbel von Éthis de Corny werfen, auf jenen wunderschönen, um 1785 in Straßburg in der Tête Noire bei Berger, Kupferschläger, in Auftrag gegebenen Husarensäbel, man muss nur den Säbel von Louis-Dominique Éthis de Corny sehen, der bis zum Ableben ihres letzten Vertreters im Jahre 2000 in Fontainebleau in der Familie geblieben ist, muss nur einen Blick auf diesen Durendal des Mannes von Welt, sein Parade-Accessoire, erheischen, um den Abgrund zu spüren zwischen Éthis de Corny und Pierre Folitot, ein bei der Belagerung verwundeter Kesselschmied, der mit seiner tristen Karriere als Gendarm bei den Invaliden enden sollte.

Nachdem er Éthis de Corny die Initiative von Louis-Lézin de Milly hinterbracht hat, der mit seinem sanften kreolischen Akzent die Gemüter zu beruhigen versucht und dabei sein Taschentuch schwenkt, beschließt Boucheron, seinen Schützling zu suchen, aus Angst, ihm möge etwas zustoßen. Der wackere Soldat schlängelt sich zwischen den Gardes françaises hindurch, mitten durch die Aufständischen, und findet den guten Louis-Lézin in derselben Position wie zuvor, beherzt mit seinem weißen Taschentuch wedelnd. Und statt ihm zu bedeuten, wie lächerlich das alles ist, statt ihn am Ärmel zu ziehen und ihn ins Restaurant in die teuren Stadtviertel mitzunehmen, um ihn für seine Glanztaten zu entschädigen, treten Boucheron und Piquot nun ihrerseits vor und schwenken erneut ihre Hüte. Fast so, als würden sie sich von jemandem oder von etwas verabschieden, womöglich vom Ancien Régime. Liebenswürdig ersuchen sie die Belagerer abermals, nicht mehr zu schießen; sie insistieren, plump, ja starrsinnig – man möge die Feindseligkeiten einstellen. Doch die Rebellen wollen nichts davon wissen. Da ereignet sich ein Wunder.

Eine Leiche

Als man schon nicht mehr damit rechnete, sah man oben auf den Türmen plötzlich Friedenssignale. Fieberhaft tritt die Gesandtschaft vor. Sie schickt sich nun an, die Festung zu betreten. Poupart frohlockt. Éthis triumphiert. Endlich werden sie ihre Rolle spielen können, die erste. Doch gerade als sie stolz den Hof überqueren, strecken Schüsse von den Türmen mehrere Belagerer neben ihnen nieder. Unsere hasenfüßigen Freunde stieben auseinander, während weitere Detonationen zu hören sind. Der Wind verweht die Hüte. Die Sonne wagt sich schüchtern hervor. Éthis verschanzt sich in der Nähe einer Mauer, unweit von einer Leiche. Er keucht, sein Gesicht ist hochrot angelaufen und womöglich pisst er sich gerade in die Hose. Erschrocken galoppieren die Angehörigen der kleinen Abordnung auf gut Glück an den Kasernen entlang, hämmern an die Türen, brüllen vergeblich, man solle ihnen öffnen. Das Gewehrfeuer hält an. Jean-Baptiste Cretaine, zweiundsechzig Jahre alt, in Beaune in der Côte-d'Or geboren, der die Stunde für gekommen gehalten und sich kühn in die Nähe der Türme vorgewagt hat, um de Launay zur Übergabe aufzufordern, wird just in diesem Moment verwundet. Perrin bekommt einen Schuss ins linke Bein. Turpin wird von Schrot durchlöchert. Und Sagault fällt tot um.

Aber wer ist das, Sagault, dieser Name, der hier liegt wie eine Leiche? Man weiß reichlich wenig über ihn. Seine Hülle ist leer. Er lebte in der Rue Planche-Mibray und war von Beruf Goldschläger. Sein Name ist nicht einmal gesichert, manchmal findet man ihn unter Saganet. Vermutlich hatte er, wie die anderen, den Friedenssignalen getraut und sich schüchtern aus der Deckung gewagt, jedoch nicht weit genug. Vermutlich hatte er kurz gezögert und sich gesagt, dass er, der arme Goldschläger, nur sehr wenig wusste und der Staatsanwalt, wenn er in die Zitadelle wollte, dafür letztlich gute Gründe haben und dort oben vielleicht für alle eine Lösung finden würde. Und so kam er näher, er wollte sehen. Er machte ein paar Schritte, folgte Poupart und Corny, hielt sich in ihren fuchsschwänzelnden Fußstapfen, beeindruckt von ihrer Redefertigkeit; und hinter sich ließ er alles, was er liebte, seine junge Frau, sein kleines Buchführerleben, seine Bude in Planche-Mibray, seine Kneipenkumpanen, seine Gewissheiten als Armer, und machte wie eine mechanische Puppe ein paar Schritte, in der Hoffnung, das Richtige zu tun.

Während der wenigen Augenblicke, in denen er sich, den Blick auf die Türme gerichtet, aus der Deckung wagte und versuchte, die Zeichen zu deuten, war sein Herz bestimmt ganz kalt und ganz warm, beschützt von den Mächten der Gewohnheit, und von etwas anderem, vielleicht Ungewisserem, aber Tieferem beunruhigt. Auch Risiko und Trotz spielten gewiss eine Rolle. All das wirbelte in rasender Geschwindigkeit durch seinen Kopf, wie winzige, unmöglich zusammensetzbare Wahrheitssplitter. Dann hellte es auf, ein Sonnenstrahl blendete sie, bevor eine schwere Wolke alles verschlang. Ein Kamerad rief ihnen zu, sie sollten nicht näher kommen, zurück! Sagault hörte ihn kaum, hob die Augen; und er sah einen Blitz, einen winzigen Funken Licht am Himmel, oben auf den Türmen. Er hatte keine Zeit, zu verstehen. Es glitzerte. Weit in der Ferne schien hinter ihm eine Detonation zu ertönen. Doch bevor sie bei ihm war, fühlte er eine Wärme im Bauch. Komm zurück!, hörte er. Da verspürte er ein furchtbares Verlangen, alles da zu lassen, bis zur Rue Saint-Antoine zurückzulaufen, bis zur Grève, nach Hause zu seiner Frau; er hatte vergessen, ihr etwas zu sagen.

Plötzlich vermeinte er, sanft in die Stille zurückgedrängt zu werden. Er sah Perrin schreien, hörte ihn aber nicht. Sein

Blick trübte sich. Sein Mund wurde trocken. Und als er auf dem Boden lag, den Kopf in der Luft und die Augen im Himmel, spuckte er ein langes Rinnsal aus Blut und Schaum; dann ein kurzer Schrei. Der Hof war leer, entsetzlich leer inzwischen. Er lag da, alleine und fahl. Etwa zehn Meter von ihm entfernt hielt Perrin sich das Bein. Turpin hatte sich bis zur Mauer geschleppt und weinte. Und während Éthis de Corny unter der Brustwehr keucht und seinen Kameraden gestikulierend verständlich machen will, man solle ihn holen, ruht Sagault alleine mitten im Hof. Er ruht zwischen seinem Bedauern, seiner zu Boden geworfenen verstreuten Geschichte: Planche-Mibray, seine Werkstatt, seine Leimzwingen, seine Hämmer, seine feinen Schilfrohrzangen, alles, was sein sterbliches Leben begleitet hatte, verteilt sich ringsherum auf dem Boden. Der Himmel ist dort, unermesslich. Sagault ist winzig klein. Winzig klein in seiner Handwerkerschürze, denn er ist hergekommen, ohne sich umzuziehen, in seiner Arbeitskluft; und er stirbt in seinem alten Kittel, der mit Flecken übersät ist wie die Palette eines Malers.

Gott, wie klein ein Mensch doch ist. Und wie groß der Hof. Die Mauern weichen zurück, der Himmel ist schwer; es ist entsetzlich heiß. Seine Frau wird sich Sorgen machen! Sie wohnen in einer Dachstube, von der aus man Paris sieht, ihr ganzer Reichtum; es bereitet ihnen Vergnügen, abends ein bisschen zusammen am Fenster zu verweilen. Sie halten einander an der Hand, wechseln ein paar Belanglosigkeiten über die Farbe der Dächer und den kleinen Baum, den man unten im kleinen Hof erahnt; sie plaudern ein wenig über ihren Tag. Das nennt man Liebe. Oh!, das ist nicht viel, natürlich, kein Leben als Staatsanwalt, Rechtsanwalt oder Wahlmann, sondern ein kleines, unbedeutendes Leben. Und so übel ist es im Grunde nicht, dieses kleine Leben, es besteht aus unzähligen Dingen, die sich nicht benennen lassen: dem

Aneinanderschmiegen im Bett, lauter dummen Gewohnheiten, aus der Art, wie man sich nennt, anranzt und wieder versöhnt – einem bestimmten Tonfall. Natürlich ist es nicht immer einfach. Man hat die Miete noch nicht bezahlt, der Monat war hart, wenig Arbeit und dabei Ausgaben. Aber man hält zusammen. Man ist jung und hoffnungsfroh. Gestern Abend hat er mit seiner Frau Würfel gespielt, statt zu essen. Im kommenden Monat werden die Geschäfte besser laufen. Plötzlich, in wer weiß wie entfesselten Wanderungen von Bildern und Wörtern, erscheint ihm das Gesicht seiner Frau, ein wenig besorgt und bekümmert. Was hat er ihr nur zu sagen vergessen. Er weiß es nicht. Er findet sie schön, so nah bei ihm. Abends in der Dachkammer liebkosen sie sich; der Geschmack von Lippen und Mund, all das ist so sanft, so innerlich, dass es sich nicht beschreiben lässt. Jeder Mensch hat sein Geheimnis.

Er sieht ihre weißen Laken vor sich. Das kleine Fenster. Den Hof, in dem die Kinder spielen. Ah! Wie schön und ruhig das Leben doch ist, geschützt hinter seinen Erinnerungen. Jetzt schleifen ihn zwei Kerle wie einen Sack bis an die Mauer. Er hat das Bewusstsein verloren. Einer von beiden hält sein Bein und zieht ihm die Schuhe aus; er schlüpft immer nur schnell hinein, er ist barfuß. Der andere reißt ihm das Hemd herunter und dreht seine Taschen um. Da endlich hebt die Platzanweiserin, die zeitlebens schweigend hinter uns steht, den Kopf und fordert ihn auf, ihr zu folgen. Sagault sieht ihr ausdrucksloses Gesicht, ihre durchsichtigen Augäpfel, sie sieht aus wie Milly, wie Corny und all die anderen! Ringsum schreit die Menge. Man brüllt ihm zu, er solle nicht gehorchen. Und diesmal würde er gern noch bleiben, wieder zum Gewehr greifen ... aber seine Hand ist nun zu schwer, sein Arm ist tot. Ein entsetzter Junge läuft über seine Leiche. Das waren die allerletzten Augenblicke seines Lebens, das wusste er plötzlich; und er hatte die merkwürdige Vorstellung, dass sie von einer Leere, einer Öde geprägt würden. Nichts würde von ihm bleiben, alles, was er gemacht hatte, seine wenigen Möbel, seine Klamotten, würde auf die Schnelle verkauft, auf dem Bürgersteig abgestellt werden. Was würde aus seiner Frau? Manche Leben zählten demnach mehr als andere. Alles, was er liebte, würde in Vergessenheit geraten.

Da merkte er, dass man ihn hochhob. Er hatte Angst. Sein Kopf fiel zur Seite, und er öffnete die Augen. Entlang der Mauer sah er zwischen den Beinen seiner Träger eine winzige gelbe Blume. Eine Butterblume. Seine Aufmerksamkeit spannte sich ein letztes Mal, er setzte seine ganze Kraft ein. Noch eine Sekunde! Nur eine Sekunde! Die kleine Blume war blass und gelb. Die Zeit erstarrte wie der Blitz. Er schaute sie an. Ach, wie gerne hätte er sie mit den Fingern halten wollen. Wie gerne hätte er ... er wusste nicht mehr, was. Sein Blick brach; was hatte er bloß zu fragen vergessen? Man legte ihn ab, auf einen harten und kalten Boden. Es war ihm, als tauchte sein Gesicht ins eisige Wasser; und er verspürte einen starken Schmerz im Bauch. Ein Hund beschnüffelte erst seine Hose, dann sein Gesicht. Sein Atem wärmte ihn ein bisschen. Dann ein Schrei; jemand versetzte dem Hund einen Fußtritt, winselnd stob er davon.

*

Als das Gewehrfeuer zu Ende ist, kommen die Angreifer unter dem Gewölbe hervor. Auch Éthis steht auf, klopft sich den Staub vom Kragen und rückt linkisch seinen Hut zurecht. Dieses ganze Gemetzel ist ihre Schuld! Wütend packt man ihn beim Kragen; er spürt eine Ohrfeige und fühlt sich plötzlich klein, viel kleiner als Turpin und sein blutendes Bein, viel kleiner als Sagault, die Leiche. Er hat Angst. Er versucht, die

Stimme zu erheben, sich Gehör zu verschaffen. Schöne Worte sind eine Spezialität, eine Stärke; sie machen Eindruck auf die kleinen Leute. Éthis schluckt, versucht ein paar Worte zu sagen, aber er hat Muffensausen und findet nur ein paar abgedroschene Phrasen, eine unangenehme Mischung aus Empörung und Autorität.

Aber er ist nicht der Einzige, dem zugesetzt wird; auch Louis-Lézin bekommt Arschtritte ab, er verschluckt sein Taschentuch. Piquot fängt sich eine wohlverdiente Watsche ein. Wegen ihrer Fahrlässigkeit, ihrer dämlichen Abordnung gibt es Tote unter den Belagerern. Man hat sie schließlich nicht darum gebeten. So krochen sie wieder hervor, jämmerlich, von Gewehren und Äxten umzingelt, von finsteren, wenig vertrauenerweckenden Visagen. Éthis de Corny stahl sich als Erster davon. Man muss sich sein sanftes, süßliches, etwas teigiges Gesicht vorstellen, als er von den Leichen wegtrippelt, hinter sich die Crème de la Crème der Abordnung, ohne sich um die einfachen Soldaten zu scheren, die ihn zu seinem Schutz begleitet hatten. Pech für die kleinen Soldaten, dalli dalli, nur weg hier, sie werden sich mit ihren Gefährten schon arrangieren. Aber Boucheron, ein gutherziger Mensch, kehrt noch einmal um. Er sucht einen Moment nach Joannon, dem Fahnenträger, aber findet ihn nicht. Der Mann hat sich wohl den Aufständischen angeschlossen.

Und während Boucheron alleine wieder die gleichen Höfe überquert und unter den Salven an den Häusern entlangläuft, sieht er in der Cour du Salpêtre – Überraschung! – Poupart. Der arme Poupart ist in einer Gruppe von Tagelöhnern und Handlangern gefangen; sie wollen ihn töten. Diesmal ist es ernst. So verfahren die Bürger mit ihren Vertretern, wenn sie Gelegenheit haben, ihnen zu begegnen. Sofort geht Boucheron dazwischen, ruft, das sei ein Missverständnis, schwört, sei seien bereit, die Festung zu stürmen, wollten nur nochmal ins Hôtel de Ville, um Nachschub an Kanonen zu erbitten. Vermutlich sah man sich verdutzt an. Dennoch gab man ihm, mit verschlossenem Gesicht, argwöhnisch, seine Pistolen zurück. Und während Poupart und Boucheron sich still aus dem Staub machen, folgt die Menge ihnen, bedrohlich. Sobald sie die Straße erreicht haben, brüllen unsere Freunde aus Leibeskräften, um die Elenden, die sie belästigen, hinters Licht zu führen. Sie brüllen, man müsse zu den Waffen greifen, gerade sei auf eine Abordnung von Bürgern geschossen worden. Und es ist ulkig, sich vorzustellen, wie sich diese majestätischen Gesandten, die von der Menge umringt, bedrängt und drangsaliert werden, als Revolutionäre ausgeben; und über den lyrischen, naiven Tonfall hinaus, den Boucheron in seinem Bericht für diese Episode wählt, ist die Vorstellung, wie Poupart und Corny sich die Seele aus dem Leib schreien, krakeelen, sie seien verraten worden, man müsse die Bastille mit Kanonenschüssen einnehmen und zum Aufstand aufrufen, einfach zum Totlachen. Doch das Publikum fällt nicht darauf rein, und bis zum Schluss, bis zum Komitee des Hôtel de Ville folgt ihnen vom *Schauplatz der Tatsachen* aus eine feindselige Menge; trotz all der Zusicherungen, die unsere Honoratioren vollmundig ausposaunen, trotz des revolutionären Katechismus, den sie plötzlich, die Hände zu Trichtern geformt, von Straße zu Straße verkünden, hieb man ihnen die Faust auf den Schädel und versetzte ihnen phänomenale Tritte in den Arsch. Sobald sie wieder unter den Holztäfelungen in ihrem Komitee saßen, war keine Rede mehr davon, Kanonen zu entsenden. Ihre empörten Kollegen liehen ihnen manierliche Kleider, denn ihre waren in Fetzen. Dies war ihr erster Kontakt mit dem Volk, und dabei wollten sie es belassen.

Ein Brett über dem Abgrund

Die aufgebrachte Menge legte nun Feuer. Als Erstes verbrannte man zwei Mistkarren, die dort herumstanden. Eine dicke Schlange wälzt sich über das Pflaster, kriecht an den Mauern entlang. Es stinkt. Die Augen tränen. Man hustet sich die Seele aus dem Leib. Man hält sich die Schürze vor den Mund. Der Nebel überschwemmt den Hof. Keiner sieht mehr etwas; die Bastille verschwindet im Dunst. Und weil man das Schloss nicht in Brand stecken konnte, steckte man die Nebengebäude in Brand.

Das Feuer ist etwas Wunderbares. Aber noch schöner ist das zerstörerische Feuer. Kleine blaue Flammenkronen züngeln am Gebälk hoch. Die Türpfosten bilden große Lichtfackeln. Die Mauern scheinen von innen zu verbrennen. Man schaut zu. Im Hof lodern die Kasernen, und alle schauen zu. Die Augen verlieren sich in den zerfließenden Umrissen. Der Mensch ist vollständig mitgerissen, hypnotisiert, in sich versunken; hin und wieder wirkt es, als würde das Feuer Form annehmen, Zeichen oder Gestalt werden, als wollten Bilder in ihm vorüberziehen wie in einer Kristallkugel.

Am 14. Juli gab es mehrere Riesen. Delorme. Hulin. Und Réol. Er trägt einen Götternamen. In Wirklichkeit heißt er Mercier und ist Weinhändler. Man nennt ihn auch »Es lebe die Liebe«. Der Qualm ist nichts für ihn. Man verliert Zeit. Man sieht nichts mehr, es ist unmöglich, weiterzukämpfen. Die beiden Karren, die mitten auf dem Hof brennen, müssen weggeschafft werden. Er blökt, man solle ihm helfen; man hebt die Tragen an – oh, man zieht an dem großen Grill, und hopp, einen halben Schritt vorwärts; dann setzt man ihn vorsichtig, ganz vorsichtig wieder ab! Ein Kerl hat sich die Haare abgefackelt. Canivet bekommt einen Fußtritt ab; der Junge verkriecht sich unter dem Karren. Die Karawane aus Qualm und Asche zieht an den brennenden Kasernen vorbei.

*

Die Zugbrücke war heruntergelassen, die Ketten gekappt worden, aber noch versperrte das Fallgatter den Durchgang. Die geballte Menge war über die kleine Brücke eingedrungen. Die Männer hievten die Kanonenschäfte über die Zacken des großen Fallgatters. Sie bildeten Trauben um das Gitter, schoben die gusseisernen Rohre durch, stemmten sie hoch und drehten sie. Humbert half bei dem Unternehmen. Gründlich und beherzt. Gaulier brüllte, das Eisen *zerschnitze* ihm die Finger; langsam hob man den Schaft an; seine Hand war nur noch ein Stück Fleisch.

Unter dem Torbogen legte man die Rohre behutsam zurück in ihre Wiege. Dann rollte man sie in die vorderste Reihe, dort drüben, direkt vor die stehende Brücke. Beim Überqueren des Hofs wich man zwei Leichen aus. Die eine der beiden hatte den offenen Mund dem Himmel zugewandt. Man richtete die Bronzemündungen auf die letzte Zugbrücke. Auch die kleine Kanone des Königs von Siam zeigte auf die Bastille.

Humbert postiert sich hinter einer Kanone, als stünde er an der Werkbank. Er, der kleine Uhrmacher aus der Schweiz, füllt das Pulver ein, stopft es mit dem Ladestock fest, ein Soldat presst die Kugel hinein – und peng. Humbert hat das noch nie gemacht, für gewöhnlich kümmert er sich um präzise Dinge, um Uhrwerke. Hier und heute aber schießt er auf eine Festung. Die Kanone hustet einmal, zweimal, dreimal, viermal, fünfmal, sechsmal. Die Festungsmauern leisten Widerstand. Die gusseisernen Kugeln schrammen den Kalkstein ab und beenden ihren wilden Lauf in den Gräben der Festung zwischen Seerosen und Ratten. Da fasste man den

Plan, die Türen aufzubrechen. Die Kanonen mussten näher positioniert werden, auf der Steinbrücke. Man rollte die Geschütze bis an den Weg zur Grande Cour, marschierte entschlossen auf die Bastille zu und bildete nur wenige Meter entfernt eine Batterie, direkt gegenüber der großen Zugbrücke. Das war das letzte Hindernis.

Im Inneren der Festung herrschte ein Moment des Schreckens. Die Kanonen waren auf die hölzernen Brückenklappen gerichtet und konnten sie von einer Sekunde zur nächsten zerschlagen. Ein Stückchen weiter brannten immer noch die beiden Wagen, ihr Rauch biss in den Augen. Im Hof schwebten Staubwirbel. Aus allen benachbarten Fenstern wurde auf die Bastille geschossen. Die Kanonen schossen zurück. Humbert strauchelte unter den Schüssen der Festung, stand wieder auf, stolperte über eine Leiche, und dann begann man, auf das riesige Tor zu schießen. Ein furchtbares Gewehrfeuer entlud sich von den Türmen. Es bestrich den Brückenposten.

Die anwesenden Aufständischen waren hochüberrascht, aus einem Loch in der Klappe der großen Zugbrücke, jenseits der Leere, unendlich langsam *einen Zettel* sprießen zu sehen. Durch eine kleine Öffnung, die in Wirklichkeit für ein Wallgewehr und folglich zum Töten gedacht war, wurde ein Briefchen geschoben. Die kurze Nachricht stand auf einem winzigen Stück Papier, einem Spickzettel. Er war zusammengerollt worden wie ein Blasrohr; es sah aus, als überreichte man sich heimlich einen Liebesbrief.

Die Belagerer versuchten, an ihn heranzukommen. Man schrie wild durcheinander, platzte vor Ungeduld, ihn lesen zu können. Denn man wartete seit Jahrhunderten auf diese kleine Botschaft, möglicherweise eine Entschuldigung, die uns zuflüsterte, dass nun alles vorbei sei, dass es endlich ans

Teilen gehe, dass die Geschichte nur ein schlechter Scherz gewesen sei, jetzt aber hinter uns liege, in Ruhe könne man nun den Gemälden von Le Nain und den Trinkliedern entsteigen, endlich sei Schluss mit den Hungerlöhnen und der Geringschätzung.

Man steht am Abgrund, dort der Zettel, den man nicht zu fassen bekommt. Manche Männer versuchen, ein Brett aus den verkohlten Küchen zu reißen. Vergeblich. Also läuft ein gewisser Ribaucourt zum Tischler Lemarchand, Rue des Tournelles. Im entscheidenden Moment, im heroischen Augenblick, versinkt alles in Findigkeit, und genau das ist das Schöne; es müssen ein paar Bretter vom Tischler her. Die Handlung wird ausgesetzt, der historische, grandiose Augenblick von einem praktischen, elementaren Umstand behindert: Man braucht ein Brett, um den Graben zu überqueren und das Briefchen an sich zu bringen; Bretter gibt es jedoch nur beim Tischler, und der nächste befindet sich in der Rue des Tournelles und heißt Lemarchand. Ribaucourt macht sich also auf in die Rue Saint-Antoine; doch auf dem gewundenen Weg aus der Bastille fragen ihn die Leute, was er da mache, wo er denn hinwolle, in der Gegenrichtung. Ein Brett holen! Man hält ihn für verrückt, diesen Ribaucourt. Man steht kurz vor der Einnahme der Bastille, und hier rennt einer einem Brett hinterher! Doch dieser Ribaucourt ist ein Pfiffikus. Er läuft schnell. Er kennt sich aus im Viertel, er lebt in den Blancs-Manteaux. Außerdem liegt der Laden des Tischlers ganz am Anfang der Rue des Tournelles, na also! Aber die Menge ist dicht und Ribaucourt erschöpft. Immerhin hat er bald fünfzig Lenze auf dem Buckel. Und außerdem ist er schon seit dem frühen Morgen da, wie alle. Wir haben schon einmal seinen Kopf aus der Menge ragen sehen, als er dem kleinen Belon, dem Chefsergeanten der ersten Abordnung, aus der Patsche geholfen hat. Um ein Haar hätte die Menge ihn gelyncht, aber Ribaucourt hat ihn irgendwie da herausgeholt.

Unser Mann bahnt sich einen Weg durch die Straße. Es sind aber auch wirklich alle auf den Beinen! Keiner weiß, was er vorhat, dieser Kerl, allein gegen den Strom, der sich vom Hôtel de Ville bis zum Faubourg wälzt. Ribaucourt berauscht sich, sein Herz klopft wie wild. Alle warten auf ihn. Ein bisschen gleicht er einem Schauspieler, der mitten in der Vorstellung, gerade als sich alles zu entwirren beginnt, von den Brettern geht und die Bühne leer zurücklässt. Die Tausenden von Menschen, die ihn dort auf der Straße anrempeln, wissen nicht, dass man dringend auf ihn wartet, dass man ohne ihn nicht den nächsten Akt spielen kann. Erst müssen die verflixten Bretter her. Da klafft eine Leere zwischen den Menschen und Gott, die überbrückt werden will. Ribaucourt hatte die Idee mit den Brettern, die Vorstellung eines improvisierten Stegs, er kennt den Tischler Lemarchand, weiß ganz genau, wo sich sein Laden befindet, es fehlte gerade noch, dass er wegen der drängelnden Menge schlappmachte! Teufelsgott, er ist völlig verschwitzt, es ist unerträglich heiß. Ribaucourt arbeitet sich voran, Gesicht an Gesicht, Fratze an Fratze, er begegnet hundertfachen Blicken, riecht den Schweiß der Männer, bewundert die Schönheit der Frauen, wirft einen Scherz in die Runde, der ungehört bleibt.

Und jetzt steht er vor Lemarchand. Er erklärt ihm in fliegender Hast: Die Bastille wird fallen. Ich brauche ein Brett. Auf der Stelle. Der Kerl versteht. Das trifft sich gut, da liegen elf Bretter, ich muss meine Ware ja jetzt nicht anpreisen, los, wir nehmen sie, ich komme mit. Der eine der Männer trägt fünf, der andere sechs Bretter. Und schon sind sie wieder mitten in der Menge, leiden Höllenqualen mit ihren Brettern, wie zwei Typen, die an einem 14. Juli, mitten in der

Fiesta, umziehen und sich mit ihrem Küchenkram oder dem Sofa durchs Getümmel kämpfen.

Endlich kommt Ribaucourt mit seinen elf Brettern zurück. Man schiebt das längste und robusteste quer über den Graben bis zur Brücke, aber es bleibt schmal und wackelig. Ein Brett ist keine Brücke. Auf der anderen Seite wartet noch immer der kleine Zettel.

Die Menge draußen hatte keine Ahnung, was vor sich ging. Manche kletterten ihren Kameraden auf die Schulter und brüllten: Wir wollen sehen, was da abläuft! Sie befestigen gerade ein Brett, lautete die Antwort. Ein Brett? Das musste ihnen sonderbar vorkommen, unangebracht, albern womöglich, ein Streich. Ja, genau, man spielte ihnen einen Streich. Im allerletzten Moment streckte man ihnen die Zunge raus.

Die Seiltänzer

Ein Mann wagte sich auf den Holzweg. Es war ein »oh« zu vernehmen, dann Stille. In den umliegenden Straßen schwoll der Lärm an, doch hier, im großen Hof, schwiegen alle. Die Wachen oben auf den Türmen beugten sich herunter, um ihn zu sehen, die *pistoleros* an den Fenstern folgten dem Seiltänzer, alle, die sich im Umkreis der Zugbrücke befanden, wollten sehen, wie der Mann auf seinem Brett tanzte. Und plötzlich vollführte Michel Béziers ein paar Schritte, er war es; die ganze Aufmerksamkeit konzentrierte sich auf ihn. Es gab keine Bastille mehr, kein Königreich von Frankreich, niemanden mehr in Paris. Es gab nur noch Michel Béziers. Sicher, keiner kannte ihn: ein kleiner Bursche aus La Trinité in der Mayenne, ein achtunddreißigjähriger, armer, zerlumpter Schuster. Er war Soldat auf Korsika gewesen. Und womöglich hatte er dort schon mit dem Gaukeln geliebäugelt, in der Armee, wenn er sich nicht gerade mit Mirto besoffen hatte, weil man damals weder das Cap Corse noch den Cinzano kannte. Doch an diesem Tag war er, Michel Béziers, ganz bei der Sache und kasperte nicht herum. Die Möwen schrien. Der Westwind wehte kleine Staubwülste heran. Die Augen dieser Leute, all das lastete womöglich zu schwer auf seinem kleinen Kopf. Das Brett wankte, und Michel, der gute Bursche aus der Mayenne, stürzte. So, als trudelte der Mensch in den Abgrund. Das war zugleich lächerlich und großartig. Eine Anekdote oder ein Symbol.

Da erhob sich ein unbeschreiblicher Lärm. Jeder wollte wissen, was passiert sei. Man beugte sich herunter. Humbert behauptet, er sei tot gewesen. Eine andere Fassung ist vergnüglicher, unterhaltsamer. Im Graben, zwischen Unrat, Steinen und Wasserpflanzen, habe Michel, den man tot geglaubt hatte, sich stöhnend den Ellbogen gehalten. Er war gebrochen. Seltsam, wie sich das Triviale unter die Geschichte des Menschen mischt, wie das Gewöhnliche neben dem Idealen steht. Hier ist man meilenweit vom Ancien Régime entfernt, von dem Wortgeklingel über die Ehre, das so gar nichts Ideales hat, und von den übertünchten großen Momenten der Monarchie, weit weg von Bayard und dem Sonnenkönig. Gerade als die Zeit bereit ist zu brechen und der menschliche Wille einen mächtigen Schritt tun muss, fällt der Kerl einfach auf die Schnauze. Doch das Erhabene gewinnt erneut die Oberhand.

Der Leutnant der Bastille, der durch ein kleines Schlüsselloch alles verfolgte, was draußen passierte, behauptete, Élie sei der nächste gewesen. Doch der gute Élie ist in allen Erzählungen der Joker. Noch am selben Abend sollte er vergeblich versuchen, den Kommandanten der Bastille vor der Lynchjustiz zu bewahren. In Augen der Honoratioren machte ihn das zu einem braven Bürger, und er verkörperte in Zukunft die erbauliche Gestalt des Vorzeigeaufständischen.

Eine andere Hypothese schreibt Maillard die Heldentat zu. Das ist interessanter, finsterer und schrecklicher. Maillard ist wie Fournier, der Amerikaner, oder wie der Neger Delorme ein Paria der Revolution, ein Eiferer, einer von denen, die den aufrührerischen Lauf der Dinge befördern sollten. Er ist fünfundzwanzig Jahre alt. Er wird an allen bedeutenden Revolutionstagen eine Rolle spielen. Im Oktober wird er beim Zug der Frauen auf Versailles dabei sein. Auf der Tribüne der Nationalversammlung erklärt er: »Wir sind nach Versailles gezogen, um Brot zu fordern.« Einen Monat später zieht er um, nach Saint-Jacques.

Ohne Unterlass stürzt er sich in die turbulenteste Politik. Er schwimmt mit dem Strom. Man trifft ihn in Cafés, er streitet, schmiedet Ränke. Man begegnet ihm etwa im Laden von

Cholat, Rue des Noyers, zusammen mit Rossignol, d'Ouasse und weiteren Umstürzlern, Verfassern aufrührerischer Artikel, stets zum Aufstand bereit. Als wäre er auf die Pritsche der Welt geleimt. Auch am 10. August 1792 ist er wieder zur Stelle, tatkräftig und entschlossen, dicht an den Ereignissen. Er zieht in die Rue Jean-Pain-Mollet um. Bei den Septembermassakern ist er abermals zugegen, wie Delorme und wie Fournier. Im grauen Frack, den Säbel an der Seite, fungiert er als Richter; das Volk war außer sich, sein Eingreifen rettete Menschenleben. Und wieder zog er um. Das Haus eines Bäckers gegenüber vom Hôtel de Ville war seine letzte Bleibe. In den Turbulenzen wurden die Rollen von Stanislas-Marie Maillard immer tragischer, immer unbequemer und aufreibender. Denn er, Maillard, handelt in niemandes Auftrag, er tritt nicht zu den Wahlen an, er zählt nicht zu den Honoratioren, er folgt dem beschwerlichen Lauf der Revolution, und zwar von der Straße aus. Er kämpft mit allen, mit den Blechschmieden, den Gerbern, den Suppenhändlern.

Am Ende ist Maillard verbittert. Nachts schläft er schlecht. Seine Frau liegt im Bett, er schaut sie an. Das Licht der Kerzen ist fahl. Er schleppt sich ans Fenster; ein Schatten gleitet an der Seine entlang. Er weiß nicht, wie viel Uhr es ist, sehr spät bestimmt, alles tut ihm weh. Das Leben ist vorbei, das zumindest weiß er; ah, jetzt hätte er gern ein winziges Glück gehabt, beinahe nichts, nur nicht diese große Routine des Zorns. Seine Frau ist hier und schläft; er hätte sich mit wenig begnügt, glaubt er; die kleine Zweizimmerwohnung, in der sie seit einer Weile leben, ein paar Spaziergänge am Seine-Ufer, das hätte ihm vollauf genügt. Er hätte einen Beruf haben können, irgendeinen, wie die anderen Männer. Das sagt er sich, während er mit brennender Brust abermals hustet. Er setzt sich wieder auf, ist am Ende seiner Kräfte. Seit fünf Jahren schläft er kaum. Im Übrigen sind sie alle wie er, die Robespierres, Billauds und Collots, sie sind müde, würden sich gern in die lockere Erde legen und schlafen. Die Revolution hält nachts nicht inne. Man kann nicht einfach nach Hause, den Tisch decken, ein bisschen abwaschen, in einem guten Buch blättern und früh zu Bett gehen. Nein. Man kann nur im Stehen etwas herunterschlingen und auf die Schnelle miteinander schlafen. Auf diese Weise sollte seine Jugend verstreichen. Am Anfang war der Strudel hitzig. Man war hoffnungsvoll. Glücklich. Dann wurde der Strudel kalt, immer kälter. Ja, Maillard hätte ein stilleres Leben gewollt, Kinder, wer weiß? Vielleicht sogar eine Bibliothek, warum nicht? Ein bisschen was vom Land sehen. Er sollte indes nichts anderes zu Gesicht bekommen als die Strudel der Seine. Nichts anderes als Paris, das Oberste zuunterst. Er schenkt sich ein bisschen Wein nach; vom Hôtel de Ville schlägt es fünf Uhr. Maillard lässt seinen Blick durch das Zimmer schweifen. Da ist nichts. Alles ist grau. Langsam stopft er seine Pfeife, unter der Lampe. Sobald er sie angesteckt hat, muss er husten. Er legt sie weg, geht in den Gang, um seine Frau nicht aufzuwecken, und spuckt das Blut aus.

Die Zeit verstreicht. Es wird hell. Maillard liegt auf dem Bett. Er ist dreißig Jahre alt. Ein Porträt zeigt ihn uns grob, vorzeitig gealtert, mit zerknautschtem Kinn, krummer Nase und dicken Lippen, mit einem irgendwie harten und müden Gesichtsausdruck. Und nun, bevor es wieder stromaufwärts geht, muss man ihn mit sich nehmen, diesen Maillard, der ganz am Ende seines brodelnden Lebens hustend seinen Rechtfertigungsbrief an Fabre d'Églantine verfasst, den man sich vorstellt, wie er nächtelang, vornübergebeugt unter der Lampe, krank, einen Kräutertee nach dem anderen trinkt, die Tür von Spitzeln bewacht. Wir müssen Maillard die Hand reichen, ihm, diesem Schatten, der einen blutigen Stern auf sein Hemd spuckt, dem alten Dreißigjährigen, über den die

Revolution hinweggerollt ist und der arm und grimmig zwischen zwei Stapeln Papieren stirbt. Gewiss, Maillards Prosa ist ein bisschen feurig, hochtrabend vielleicht, aber sie stinkt nach Wahrheit. Sie atmet Erbitterung und Ungeduld, scheint stets von einer Krise bedroht zu sein. Und von jenem Maillard, diesem Greis von dreißig Jahren, den seine Frau in ihrem möblierten Zimmer pflegt, dem Kranken, der Blut spuckt, aber auch vom Maillard des Kampfes, dem Maillard der Feder und dem Maillard des Schwertes, von dem, der zu allen spricht, zu Männern und Frauen, zu den Armen und Geringsten, muss man mit all dem, dem Geruch der Öllampe, der sein Zimmer erfüllt, dem schmalen blutigen Rinnsal, das an seinen Lippen trocknet, zurückgehen bis zum Maillard des 14. Juli.

Wir wollen ihn mitnehmen, wollen den kranken, verbitterten Maillard in die Arme schließen, uns in den jungen Fünfundzwanzigjährigen zurückversetzen, von dem es heißt, er sei hoch, nicht krumm gewachsen, habe einen stolzen, keinen gelblich-müden Blick gehabt, sein braunes Haar sei mit einer Schleife zusammengefasst gewesen, statt wirr auf einen zerschlissenen Morgenmantel zu fallen, er habe einen grauen Frack mit breiten Taschen getragen und buntgewebte Strümpfe; und sobald der alte Maillard ganz in dem jungen aufgegangen ist, wollen wir mit ihm die Leere durchqueren, jenen 14. Juli. Michel Béziers ist auf die Schnauze gefallen, und nun ist er, Stanislas Maillard, mit dem Balancieren dran; die Menge verliert ihn nicht aus den Augen. Er macht einen Schritt, und noch einen, mit sicherem Gespür, entschlossen, nutzt die Arme als Balancierstange, ein Meter, zwei Meter, der Raum weitet sich, dehnt sich aus, drei, vier, fünf, sechs, ein Mann, Maillard, nähert sich endlich der Festung. Er streckt die Hand aus, wie auf der Decke der Sixtinischen Kapelle, und greift nach dem kleinen Stück Papier.

In Windeseile läuft er, ohne zu zögern, zurück, übergibt die Botschaft Claude Degain, der zufällig gerade dort steht und nicht lesen kann. Er reicht sie an Élie weiter. Die Menge lauscht. »Wir haben zwanzigtausend Pfund Pulver; wir werden das ganze Stadtviertel und die Garnison in die Luft sprengen, wenn Ihr die Kapitulation der Bastille nicht annehmt«. »Wir nehmen sie an!«, rief Élie sofort, einem jener großherzigen Impulse folgend, in denen sich der Mensch in die anderen hineinversetzt. Allgemeines Geschrei. Missbilligung.

Ein Augenblick der Unschlüssigkeit. Man wollte keine Kapitulation, mit der die Belagerten ehrenhaft davonkamen. Man verlangte schlicht und einfach die Übergabe. Von vier Invaliden begleitet, kam der Kommandant unter das Gewölbe und zog einen Schlüssel aus der Tasche; noch zögerte er. Die Menge rief: »Nieder mit den Brücken!« De Launays Stirn war feucht, sein Blick verloren. Die Schweizer spürten, dass das Ende gekommen war, dass die Tore sich öffnen und sie selbst mit einer folgerichtigen, unbezwingbaren Kraft mitgerissen, umhergestoßen, misshandelt, womöglich getötet würden. Das ließ ihnen sicher das Blut in den Adern gefrieren. Dabei wollten sie diese Leute doch sehen, ihre Gesichter, ihre Augen, die Form ihrer Münder, die so riesige Menge, die Schuster und Fischverkäufer, die sie eigentlich gut kannten und deren Verlangen heute derart übermächtig schien; plötzlich war ihnen, als hätten sie sie noch nie gesehen.

Eine Viertelstunde verging. Ein unaufhörliches Getöse wirbelte wie blind durch die Luft. Da nichts passierte, wich die Menge zurück; man stellte sich wieder hinter die Kanonen. Würde erneut das Feuer eröffnen. In diesem Moment durchbohrte es de Launay unvermutet das Herz; am Ende seiner Kräfte und ohne genau zu begreifen, gab er den Befehl, die kleine Brücke herunterzulassen.

Als die Brückenklappe auf den Rand prallte, war es, als berührten sich zwei Seiten der Welt. Maillard, der kleine Canivet, Degain, Tournay, Cholat, Élie, Hulin, Arné, Humbert, die Brüder Morin – alle stürzten los; aber die Tür hinter der Zugbrücke blieb verschlossen, man kam nicht mehr weiter. Man trommelte mit den Fäusten. Eine armselige Tür stand noch zwischen der Menge und der Festung. Die Bastille war zu einem einfachen Haus geworden, und an seine Tür pochte die Welt. Und da, eine unwirkliche Szene, öffnet wie der gähnende Nachtportier im Hotel, den man gerade geweckt hat, ein Invalide die Tür einen Spalt breit und fragt in völliger Missachtung der bei besonderen Anlässen üblichen Rhetorik höflich, was man wolle.

Die Sintflut

Es war eine Sintflut aus Menschen. Es musste etwas nach fünf Uhr sein, als die Menge die Bastille stürmte. Im inneren Hof haben die Invaliden und Schweizer Garden Aufstellung genommen. Die Taschen voller Nägel und Schrot, brüllen die Aufständischen: »Nieder mit den Waffen!« Ein Offizier weigert sich. Man stürzt sich auf ihn und entreißt ihm den Säbel. Jean-Baptiste Humbert läuft linker Hand zur Treppe und stürmt die Stufen empor. Die große Steinschraube verdreht ihm den Kopf. Es geht alles ganz schnell; Humbert nimmt Hunderte von Stufen, ohne jemandem zu begegnen, kraxelt und klettert, erklimmt den Turm und, oben angelangt, völlig außer Atem und auf dem Höhepunkt seiner Erregung, merkt er, dass er alleine ist. Er steht jetzt auf einem der Türme, schaut unten auf die Menge, die der Zitadelle die Luft abschnürt; Menschen überall, die ganze Stadt strömt zur Bastille. Paris begehrt Einlass. Erneut fallen ein paar Schüsse. Der Himmel ist düster. Und Humbert ist allein, allein auf der Spitze der Welt. Er sieht alles, er weiß alles, er ist der erste Mensch.

Doch der Traum endet, Humbert stößt auf einen hockenden Soldaten, der ihm den Rücken zukehrt. Der Schweizer hat ihn nicht gesehen, weiß vermutlich gar nicht, dass die Bastille erobert ist. Humbert nimmt ihn ins Visier. Seine Gewehrspitze weist auf das Rückgrat des Mannes. Er sieht sein Gesicht nicht. Es ist nur ein versteinerter Schatten, ein Wasserspeier.

Humbert ruft: »Nieder mit den Waffen!« Entgeistert schnellt der Kerl herum. Er hat ein hübsches Frätzchen. Sofort legt er seine Waffe nieder und versichert unter Tränen, dass er dem Dritten Stand angehöre, dass er ihn bis zum letzten Blutstropfen verteidigen werde und dass er nicht geschossen habe. Humbert hebt sein Gewehr auf, macht einen Schritt vor und setzt dem Mann sein Bajonett auf den Bauch. Ganz weich ist so ein Wanst, und ganz rundlich, voller Gedärme und Eingeweide, daraus ließe sich Kuttelwurst für ein ganzes Regiment machen. Voller Wölbungen und Ausbuchtungen, voller Höhlen und Gase, voller Röhren, Beutel, Schöße und Magengruben. Aber Humbert ist kein Hitzkopf. Er liebt seinen Nächsten, er ist nicht grausam. Er nimmt dem Soldaten seine Patronentasche ab und kümmert sich dann schnell um die Kanone, um sie von der Lafette zu stoßen und außer Gefecht zu setzen. Alles geschieht in wenigen Augenblicken unter einem schweren Wolkenbaldachin. Der Schweizer rührt sich nicht mehr. Humbert verliert ihn nicht aus den Augen. Doch gerade als er sich über die Kanone beugt, das Auge auf ihr dunkles Fleisch geheftet, zerreißt, von einem anderen Turm aus kommend, eine kleine, schwarz umhüllte Kugel die Luft und durchschlägt ihm den Nacken. Seine untere Gesichtshälfte krampft sich zusammen, er wirkt winzig klein und plötzlich so verletzlich; sein Hals wird hochrot, und etwas ungeheuer Mächtiges bremst ihn, stößt ihn vorwärts, schnappt nach ihm. Er stürzt. Sein Kopf schlägt auf den Stein, schwarzer Schlaf, ein Faden reißt, sein Schmerz verkriecht sich tief in ihm, feucht und warm. Etwas später erwacht er auf den Treppenstufen. Der Schweizer rüttelt ihn an den Schultern, seine Wunde blutet stark; er hat ihn hierher getragen. Mit schweißglitzernden Gesichtern sehen die beiden Männer einander an. Der Soldat zerreißt sein Hemd, um die Wunde zu verbinden.

Man rannte in sämtliche Richtungen. Jeder nahm den kürzesten Weg zur Wahrheit. Rossignol kletterte auf einen anderen Turm. Beim Aufstieg sah er eine verschlossene Zelle und öffnete die Riegel: ein hübscher, aber leichenblasser junger Mann. Was für ein Glück, ihn an die Luft zu setzen! Rossignol nimmt wieder die Treppe, außer sich vor Freude. Oben angelangt, stößt er auf einen Bäcker, Morin. Zusammen mit seinen Brüdern war er gerade dabei, die Kanonen umzudrehen. Sie erledigten das wie jede andere Arbeit, mit hochgekrempelten Ärmeln. Der eine hatte vielleicht eine Kippe im Mund. Der andere spuckte ins Leere. Das Ding ist schwer, lässt sich aber trotzdem irgendwie weiter zerren. Auf der Liste der Sieger steht tatsächlich ein Morin, Bäcker, mehr ist nicht bekannt. Kaum ist er auf dem Gipfel des Turms erschienen, verschmilzt er schon mit dem Himmel. Unter ihm auf der Liste steht ein anderer Morin, Schuhmacher. Vielleicht einer seiner Brüder. Er war dreißig Jahre alt. Er kam aus Énoque, einem Dorf, dessen vermutlich falsch verstandener oder vielleicht auch nur falsch geschriebener Name uns von breiten Strömen oder guten Patriarchen träumen lässt. Doch auch er wird jenseits seines winzigen Lebenslaufs vom Dunkel verschluckt.

Und jetzt stelle ich mir Delorme vor, den Schwarzen, mitten in der Menge, er stürmt die Bastille. Auch er rennt, verirrt sich in den Gängen, dringt in die Gefängnisse ein. Der Qualm der Karren, die immer noch brennen, steigt hoch bis zu den Türmen. Aus den spärlichen Fenstern des Gebäudes schnellen Köpfe wie Springteufel aus ihrer Schachtel. Unten versammeln sich Männer aus sämtlichen Vorstädten. Die Sonne kommt wieder hervor. Die Gesichter brennen, die Kleider sind verdreckt. Man kennt sich nicht mehr. Es ist zu schön. In den Gärten ächzen die Büsche unter ihrem staubigen Mantel. Der Wind peitscht die Bäume. Gott, wie schön sie ist, die Welt von oben betrachtet! Wind kommt auf. Der Himmel fällt. Im Hof liegen Leichen. Wie schön ein Gesicht doch ist! So viel schöner als die Seite eines Buchs, allenthalben flammen Gefühle auf und erlöschen wieder. Aber die Toten sind traurig, beängstigend. Achtundneunzig Tote und unzählige Verletzte liegen auf improvisierten Tragen, auf den Tischen der umliegenden Kneipen oder auf den Steinbänken der Kirchen. Nur ein paar Namen sind überliefert, kleine Fragmente fossilen Lebens: Begart, Boutillon, Cochet, Foulon, Quentin, Grivallet, Poirier, David, Falaise, Rousseau, Gouri, Ézard, Desnous, Courança, Blanchard, Levasseur, Sagault, Bertrand. Essaras, Aufrère, Renaud, Gomy, Dusson und Provost.

Die Todesfälle von Flesselles, Vorsteher der Kaufmannschaft, der im Hôtel de Ville thronte, und von de Launay, Kommandeur der Bastille, die das Volk noch am selben Abend lynchte, sind indes umfassend dokumentiert. Zum Tod des Kommandanten gibt es das Verhör des Kochs François Desnot. Zu dem von Flesselles die schriftliche Aussage des Totengräbers der Église Saint-Roch und einen Gerichtsbeschluss. Zu seinem Pech hat die Zeit noch weitere Beweisstücke aufbewahrt. Eine Erklärung des Direktors der Waffenfabrik in Charleville offenbart uns das Angebot von zwölftausend Gewehren, das er ihm am 13. Juli gegen vier Uhr nachmittags unterbreitet hatte, auf das der Bürgermeister von Paris allerdings nicht eingegangen war. Dabei verlangte das Volk am 14. den ganzen Tag lang nach Waffen, während der gute Vorsteher der Kaufmannschaft sie am laufenden Band versprach und bedauerte, keine zu haben. Dadurch verzögerte sich die Eroberung der Festung erheblich und forderte zahlreiche Tote.

Damit das Maß aber wirklich voll wird, nehmen wir noch diesen Brief von der Maison du Roi, der am 11. Dezember 1789 der Marquise de Launay *in Anbetracht des von ihr am 14. Juli erlittenen Unglückes und Verlustes* die Auszahlung einer Rente von dreitausend Pfund zusichert. Im Falle Flesselles' existiert außerdem ein Siegelungsprotokoll für sein Stadtpalais in der Rue Bergère und für sein Schloss im Marais, was uns einen kleinen Eindruck von dem vermittelt, was er verlor, als er seinen Geist aushauchte. Und zur äußersten Beklemmung derer, die nicht das Glück haben, in Gnaden zu stehen, wäre da noch die Entscheidung des Königs, die am 6. März 1792 der Witwe des Vorstehers der Kaufmannschaft eine Gratifikation von viertausend Pfund zubilligen sollte, *in Anbetracht ihrer traurigen Stellung.*

*

Acht Monate später, am 23. März 1790, gegen acht Uhr morgens, verlässt Marie Bliard die Rue des Noyers bei der Place Maubert; es ist kalt, sie hat sich ein Tuch um die Schultern gelegt. Sie geht an Saint-Séverin vorbei und über den Pont Saint-Michel, spricht dann in der Amtsstube des Kommissars Duchauffour, Rue Saint-Louis, in der Nähe des Gerichts vor. Gewiss haben sich die Kommissariate seither verändert, doch eine gewisse Familienähnlichkeit bewahren sich die Institutionen, eine Lebensart und Folklore. Man hieß sie auf einer schäbigen Bank warten. Die Zeit wurde ihr lang. Über dem Empfangstresen bröckelte der Gips, eine Ordonnanz döste auf ihrem Stuhl.

Endlich rief man nach ihr, sie war an der Reihe. Man führte sie in ein kleines Büro, wo ein dicker Kerl sie aufforderte, Platz zu nehmen. Er trug ein zerschlissenes, schmuddeliges und löchriges Amtskleid aus schwarzem Serge. Das war der Schreiber. Er bat sie, Namen, Vornamen und Stand anzugeben, dann fragte er sie nach dem *Zweck ihres Besuchs*. Sie begann, in ihrer Klatschweibersprache, die Geschichte ungeordnet, sprich nach ihrer eigenen Ordnung zu erzählen. Sie erzählte ihr Leben und kam dann auf jenen Dienstag, den 14. Juli, zu sprechen, denn der Herr wurde ungeduldig. Sie berichtete von ihrem Gefährten, François Rousseau,

Laternenanzünder. Er war ein guter Mann, sie konnte sich nicht beklagen. Er hatte sich morgens, am Tag des Sturms auf die Bastille, in den Faubourg Saint-Antoine aufgemacht. Da schiebt der Schreiber seine Augengläser hoch und unterbricht sie. Er will wissen, was ihr Mann dort bei der Bastille gewollt habe; hatte er vorgehabt, sich den Aufständischen anzuschließen? Ein Schatten gleitet am Fenster vorüber. Marie Bliard weiß nicht recht, was sie antworten soll; plötzlich fühlt sie sich unwohl in der Amtsstube des Kommissars. Sie stammelt. Ihr Mann habe eine Besorgung im Faubourg erledigen müssen, man habe ihr gesagt, dass er im Hof der Festung gewesen sei, vielleicht mitgerissen von der Menge, oder um zu schauen, was vor sich ging; seitdem hat sie ihn nicht mehr gesehen.

Der Schreiber öffnet eine Mappe. Stille. Er blättert durch eine Akte. Marie Bliard rührt sich nicht, als gälte es, unbeweglich zu bleiben, keinen Laut zu machen, keine Bewegung, sich totzustellen, während der Herr ihre Eingeweide inspiziert. Immer wieder schiebt er seine Brille hoch und runter, dann hebt er die Nase und fragt in einem kühlen und gedehnten Tonfall, weshalb sie jetzt erst komme. Sie weiß es nicht; sie habe unlängst erfahren, dass es vielleicht eine Rente gebe. Seit dem Verschwinden ihres Mannes sei das Leben nicht einfach, eine Unterstützung wäre willkommen.

Die Angelegenheit wird keinen müden Groschen einbringen, der Schreiber hat folglich keine Zeit zu verlieren. Er lässt sie einen Moment alleine. Sie legt ihre geschlossenen Fäuste auf die Knie, sie rührt sich nicht mehr. Im Hof bellt ein Hund. Sie hört, wie sich Türen öffnen und schließen. Dann kommt der Schreiber zurück; er hält ein Blatt Papier in der Hand, sie bemerkt, dass seine Fingernägel voller Tinte sind. Er erklärt, es handele sich um ein Protokoll aus dem vergangenen Jahr; gegen neun Uhr abends, am 14. Juli, hätten drei Individuen zwei Leichen zum Châtelet gebracht. Auch sie hätten behauptet, just als die Zugbrücke nachgab, von der Menge in die Cour du Gouvernement gedrängt worden zu sein. Dort hätten sie zwei Tote gesehen und sie zuerst zum Hôtel de Ville, dann zum Châtelet gebracht.

Die drei Individuen heißen Jacques Collinet, Hutmacher, wohnhaft Rue Saint-Nicolas, Giles Droix, Hutmacher, wohnhaft Rues de Filles-Dieu, und Jean Varenne, Papierdrucker aus der Petite rue de Reuilly. Der Schreiber schaut über seine Brille; kannte Ihr Mann sie? Sie hat keine Ahnung. Der Schreiber fährt fort: Die erste Leiche, die sie im Châtelet ablieferten, ist ein kleiner kahlköpfiger Mann mit einer wollenen grauen Hose, klobigen Schuhen, einem grobem Stoffhemd, einer olivgrünen Tuchjacke und einer weißen Baumwollweste. Er hatte eine breite Wunde in der Seite, der Daumen der rechten Hand war abgerissen. Die Beschreibung war trocken und technisch, und dennoch ahnte Marie Bliard eine Silhouette, die unter den dunklen Gewölben des Châtelet lag, einen kleinen toten Körper, dem diese Meldung letztendlich so etwas wie ein heimliches Leben verlieh. Der Schreiber zwirbelte seinen Schnurrbart und sagte, der Mann sei identifiziert worden und heiße Falaise. Dann kam er auf die andere Leiche zu sprechen. Marie Bliards Herz begann zu klopfen. *Männlichen Geschlechts, ungefähr fünfundvierzig Jahre alt. Bekleidet mit gerippten grauen Wollstrümpfen, einer weißen Hose.* Und da hörte sie nichts mehr, das Inventar versank in der Stille, in einem erbärmlichen Summen. Es war, als würde ihr gesamtes vergangenes Leben heruntergebetet, die zwanzig Jahre, die sie mit ihrem Mann verbracht hatte, ihr armseliges Leben in der Rue des Noyers, die Arbeit, das kleine, früh verstorbene Kind, die Probleme, die winzigen Glücksmomente, die Spaziergänge in Les Porcherons – all das wurde gerade mit monotoner Stimme portioniert, als wollte man es ihr auf diese Weise entziehen. Sie erinnerte sich an die Strümpfe, die sie gestrickt, und an die Hose, um die sie auf den Misères am Seine-Ufer gefeilscht hatte, an die Schuhe, die notdürftig mit alten Schnüren zusammengehalten wurden, an die graue Wolljacke, das beim Trödler aufgestöberte Baumwolltaschentuch und an den Hauptschlüssel, den François immer in der Tasche trug. Je länger der Schreiber sein Gedicht rezitierte – weiße Tuchweste, Hut mit Band, grobes Stoffhemd –, desto stärker entfernte sich François Rousseaus wirklicher Körper, ging in etwas anderem auf. Es war nicht einmal mehr eine Leiche oder ein Name, er wurde zu einem Objekt, ein paar Zeilen in einem Verzeichnis, etwas, das man einordnen und erfassen wollte, um es aus der Welt zu schaffen. Sie schaute aus dem Fenster und sah nichts, nichts, nur die Mauer gegenüber und die Ordonnanz, die hinten im Hof rauchte. Und dann kam der Schreiber ohne Unterbrechung von den Kleidern auf die Verletzungen, als gehörte das zu derselben Aufstellung, als bestünde kein Unterschied zwischen einem alten Taschentuch und einer tödlichen Wunde, zwischen einer Weste, die man zu den Lumpen wirft, und einem leblosen Körper, der auf einer schwankenden Bahre in das Leichenschauhaus im Châtelet befördert wird.

Die Kugeln waren ihm quer durch den Hals gegangen. Mehr gab das Protokoll nicht zur Auskunft. Plötzlich sah sie das Blut auf der Wunde. Sie meint es sehen, meint es spüren zu können. Ihr Kragen schnürte ihr allmählich den Hals ab, und sie rückte ihre Haube zurecht, die ihr in die Stirn schnitt. Sie nestelte an einem Zipfel ihrer Schürze. Der Schreiber hatte nach seiner Feder gegriffen und sie in die Tinte getaucht. Er machte sich nicht die Mühe, ein neues Blatt zu verschwenden, sondern begann, am Rand des ersten Protokolls eine schmale Spalte auszufüllen. Blitzschnell brachte er merkwürdige Schlangenlinien zu Papier. Sie hörte seinen Fingernagel auf dem Papier knirschen. Es war ein kleiner rundlicher Mann mit aschgrauem Haar. Seine Tinte war tiefschwarz, und wie fein war seine Schrift! Sobald er das Datum und *vor uns, dem Königlichen Rat* abgeschrieben hatte, kritzelte er etwas, strich drei Wörter durch und wirkte verstimmt. Er setzte neu an: *ist erschienen Marie Jeanne Bliard, Witwe von François Rousseau, Laternenanzünder, wohnhaft in Paris, Rue des Noyers Nr. 17.* Und plötzlich gefror alles. Ihr eigener Name, der von François, sein Beruf als Laternenanzünder, ihre möblierte Wohnung waren mit einem Federstrich ihrer Eingeweide entleert und beraubt worden. Nur noch die Wörter waren übrig: Witwe, Laternenanzünder, wohnhaft. Die Maschine ratterte weiter, *welche zur Auskunft gegeben hat, dass am 14. Juli, Tag des Sturms auf die Bastille,* und während der Schreiber ihre Worte übertrug, wurden sie von einer obskuren Sprache gepackt, zerhackt, zersägt und von allem Leben gesäubert. Es war nicht mehr François, der getötet worden war; es war jemand anders, den sie nicht kannte. Und nun kam der schicksalhafte Moment, die Wörter des Schreibers gingen langsam die kalten Treppenstufen hinunter, man hörte seine kurzen knappen Schritte auf den Steinplatten. Dann blieb er stehen, holte Luft, hob das Leichentuch an und leierte beim Schreiben jede einzelne Silbe herunter: *das zwei-te In-di-vi-du-um, dessen Lei-che;* in diesem Moment blieb Marie Bliard das Herz stehen; es kam ihr vor, als wäre der Raum unermesslich groß und im nächsten Moment winzig klein, als läge das Wort *Leiche* dort auf dem Tisch, zwischen den Papieren. Sie spürte einen tiefen Kummer in sich aufsteigen; sie dachte an das kleine Mädchen, das sie miteinander gehabt hatten und das ebenfalls tot war; und sie fühlte sich auf einmal unendlich einsam, so einsam wie *Marie Jeanne Bliard, Witwe von François Rousseau, Laternenanzünder, wohnhaft in Paris, Rue des Noyers Nr. 17,* sie fühlte sich so einsam wie der leblose Körper eines

Laternenanzünders im Leichenschauhaus des Châtelet, und es war ihr, als befände sich nun alles, was sie geliebt hatte, in diesem Protokoll und würde für immer dort bleiben, in ein paar trockenen Zeilen, auf die Schnelle hingeworfen von einem Polizeikommissar. Sie schauderte. Ihre Lippen wurden steif. Sie hob den Kopf und starrte angestrengt auf den Mann, der ihr gegenübersaß. Er sah sie nicht. Er schrieb.

Regen aus Papier

Es wird dunkel. Zahllose Mengen klettern auf die Türme der Bastille. Man bleibt stumm, sprachlos. Der Himmel bedrückt uns nicht mehr. Canivet sitzt rittlings auf der Brüstung, schweigend im Angesicht der Leere. Der Junge will die Seine sehen, den schwarzen Strom. Er versucht, einzelne Bauwerke zu erkennen, zeigt mit dem Finger auf Saint-Eustache, Saint-Gervais; ist das da Sainte-Geneviève?, fragt er. Die Höhe berauscht und betäubt. Alles liegt dort vor ihm, das Gewirr aus Straßen, Krümmungen, dunklen, in den Fels gegrabenen Adern. Er sieht alles, aber erkennt nichts, wie Moses auf seinem Berg. Rinnsale laufen über sein Gesicht. Paare beugen sich herab, ein paar junge Leute suchen den Nervenkitzel und rangeln ein bisschen. Man liebt sich, küsst sich auf den Mund. Die Frauen lösen ihr Haar. Und hier, die Lichter der Courtille! Und da, die von der Butte aux Cailles! Aber im Grunde bewundern sie nicht die Bauwerke, sind es nicht die Prachtbauten, nach denen sie in der Dunkelheit gierig Ausschau halten; sie sind kaum zu erahnen, eine Kuppel, ein Glockenturm, eine Turmspitze; nein, was sie entdecken, was sich ihnen auf einmal darbietet, sind die verschachtelten Dächer, die unregelmäßigen Fassaden, ein Gespinst undurchdringlicher Gassen, ein Wald aus Schornsteinen und Dachgauben, ihre Stadt; diese Stadt ist es, die sie entgeistert betrachten, jene Stadt, die sie mit eigenen Händen erbaut haben. Und man lacht, noch und nöcher, feuert ein paar Schüsse in die Luft; jeder berichtet, was er gesehen hat, ständig wiederholt man die gleichen Begebenheiten, kurze Augenblicke des Heldentums oder der Panik. Tausende von Berichten knistern, kreisen und erblühen. Als Rossignol endlich abwärts will, kann er nicht, denn die Woge drängt unaufhörlich nach oben, die Leute streben immer weiter empor, als hätte sich auf dem Gipfel der Festung ganz Paris verabredet.

Und dann plündert man alles. Unverzüglich beginnt die Zerstörung der Bastille. Man wälzt die Steine in die Leere; oben wird an den Türmen gesägt und genagt. Binnen weniger Stunden ist alles ramponiert. Die Möbel werden über Bord geworfen, die Kleider zerrissen, die Spiegel zertrümmert, alles wird zerstört und geplündert. Wie gut es tut, abzureißen und zu verwüsten! Niemand denkt an morgen. Man will alles umkippen, wegwerfen, verwüsten, zunichte machen, zu Boden schmeißen! Und das ist ein Vergnügen, ein unerhörtes Vergnügen. Man kann die Miete nicht zahlen, zum Henker! Hier haben wir einen aufgeschlitzten Sessel, einen einbeinigen Tisch, einen einäugigen Spiegel, einen einarmigen Kerzenleuchter und einen Nachttopf voller Kot. Man hat nicht genug Zaster zum Futtern, zum Henker! Man tanzt barfuß, schnallt den Gürtel enger, es wird geknutscht und gepichelt. Feseleaux spielt in einer Zelle Karten; Lefebvre schleimt andächtig in einen Rotzlappen, den er sich vom Kommandanten *geborgt* hat; Chorier pinkelt aus dem Fenster; Navet ist mit Anproben beschäftigt, schlüpft in diverse Jacken, nimmt sich ein paar Hüte, stolziert vor dem Spiegel auf und ab, bewundert sich; Leroux veranstaltet eine Schnitzeljagd in den Gängen; Louise blättert in den Briefen des Leutenants der Bastille und schmilzt das Siegelwachs, das auf den Boden regnet; Marguerite schwenkt Perücken auf einem Spieß; Marie streift sich die eisernen Armringe der Zuchthäusler über; Pierre-Pierre wirft ein Apfelgehäuse weg; Hue trägt die Augengläser des Kommandanten und stößt sich an den Wänden; und Tronchon liest rückwärts aus einem Buch vor. Alle sind da und lachen sich eins, haben ihren Spaß.

Aber es war auch bitterernst. Endlich hatte man das Pulver. Jeder bediente sich. Noch am selben Abend war das ganze

Volk bewaffnet. An allen Ecken der Stadt hieß es, die Bastille sei gestürmt, ihre Tore seien geöffnet. Freude allenthalben. Artillerieschüsse feierten den Sieg. Eine Woche währten die öffentlichen Freudenbekundungen und Verbrüderungen. Und die Nacht des 14. war wohl die unruhigste, die glücklichste, aber auch die qualvollste, die eine Stadt je erlebt hat. An allen Fenstern ließ man kleine Lampen entzünden. Man ermahnte die Leute, nicht ins Bett zu gehen. Alles war in Alarmbereitschaft. Das Volk feierte, aber es war auch reizbar, gefährlich. Gegen Mitternacht liefen Männer durch die Straßen, veranstalteten ein Höllenspektakel und riefen »Zu den Waffen!«. Unter die Freude mischte sich höchste Wachsamkeit. Noch immer fürchtete man das Eintreffen der königlichen Truppen, es galt sich zu wappnen, Verstärkung zu suchen. Gruppen klopften an alle Türen, trommelten an die Fenster, ließen die Ladenschilder klingen und die Markisen tanzen. Man stürmte in die Häuser und verlangte nach den Männern, die Waffen gingen von Hand zu Hand, man riss die Fensterstäbe weg und grub die Gitter aus, um sich Spieße zu fertigen. Ganz Paris war auf den Beinen. Wieder ertönten die Sturmglocken. Man schoss mit Kanonen. Und dann zertrümmerte man den Gehweg, riss das Pflaster auf, bald war auf den Straßen das Unterste zuoberst, die ganze Stadt wurde verbarrikadiert und verschanzt. Alte Karren wurden umgekippt. Man häufte Fässer, Tische, kaputte Schränke auf. Dahinter hortete man Vorräte aus Steinen, Alteisen, allen möglichen Gerätschaften, um die Soldaten zu übermannen. Frauen defilierten mit Säbeln und Spießen bewaffnet. Den Bürgern war angst und bange. Es war die schlimmste Nacht, die sie je erlebt hatten. Überall trieben sich im Schein der Fackeln kleine Handwerker, Arbeitslose, Landstreicher herum. Die Straße gehörte allen. Man schmiedete Spieße und schmolz Kugeln. Die Gardes françaises hielten die Zollschranken besetzt. Mit nacktem Oberkörper lehnte man sich an einen nach draußen beförderten Tisch, rauchte und scherzte. Schatten kauerten im Glockenturm von Notre-Dame, auf den Dächern; und lauerten.

Still zogen sich die Truppen des Königs zurück. Und an jenem Abend schliefen die Marquisen ausnehmend schlecht, die Libertins gingen nicht ins Spielhaus, und die Kutschen blieben in der Remise. Man briet Sardinen auf den Stufen des Hôtel de Ville, pfefferte die Pulte durch die Gegend. Die Leute drängten aus sämtlichen Vorstädten ins Zentrum der Hauptstadt; man kam sogar von weiter her, aus Gonesse, aus Sèvres und Montrouge. Die Gräben der Bastille waren mittlerweile mit Trümmern, Tischbeinen und Schranktüren übersät, mit bizarren Holzsplittern, Fayence-Becken, Puderdosen, Bürsten und Kämmen, mit Kleiderfetzen. Ein unermesslicher Jubel bemächtigte sich der Stadt. Es wurde getanzt, gesungen und gelacht. Die Augenzeugenberichte sprechen von einer wahnwitzigen, ungezügelten, noch nie dagewesenen Stimmung. Pure Freude. Das hat man nicht jeden Tag. Und diese Freude verströmte sich überall, flutete die Straßen, gewundenen Gassen und schäbigen Treppenhäuser, drang in die Dachkammern, durchsiebte den Fluss, riss die Türen ein und kappte die Brücken.

Gegen neun Uhr abends schritt der Marquis de La Salle, Befehlshaber der Bürgermiliz, im Hôtel de Ville *unter den Bajonetten* hindurch und empfing lächelnd *die Sieger der Bastille*. Nachdem er sie umarmt und ausgiebig beglückwünscht hatte, fragte er sie nach ihren Namen. Viele weigerten sich, ihre Identität preiszugeben. Daraufhin forderten die Wahlmänner – Éthis de Corny vielleicht, Poupart de Beaubourg, nunmehr unerschrocken, wieder ganz obenauf, lässig an die Spaniolette gelehnt – sie auf, sich zu melden. Da man nicht lockerließ, begannen die Aufständischen, sich zu entfernen, argwöhnisch und scheu. Man kann sie schon verstehen, denn manche der Sieger sollten noch nicht auf der Liste des Hôtel de Ville stehen, als sie wegen ihrer *Ausschreitungen* bereits gehängt wurden. Der Marquis de La Salle konnte sich noch so bemühen, die fort strebenden Leute in einem väterlichen Tonfall, scheinheilig und andachtsvoll, freundlich zurückzurufen und zur Rückkehr zu bewegen, sie flohen schleunigst in die Gassen. So entschlüpfen die Menschen dem Schafott wie den Geschichtsbüchern.

*

Angeblich soll es am 14. Juli gegen Ende des Tages geregnet haben. Ich bin mir nicht so sicher. Die Meinungen gehen auseinander. Fest steht jedoch, dass es Papier regnete. Man schmiss die Archive der Ordnung und die Gefangenenregister, die unbeantworteten Bittgesuche und Rechnungsbücher in die Luft und sah sie schweben, flattern, auf den Dächern landen, im Dreck, auf den Bäumen und in den schmutzigen Gräben der Festung. Die Schaulustigen bestaunten die mit vollen Armen aus den Fenstern geworfenen Blätter, Seiten und Hefte. Fast wie ein Almosen, ein Geschenk für alles und für nichts. Die Bücher fielen, die Blätter schneiten.

Man müsste häufiger mal seine Fenster öffnen. Ab und zu, einfach so und völlig ungeplant, alles über Bord schmeißen. Das würde Erleichterung verschaffen. Man müsste, wenn das Herz uns aufwühlt, wenn die Ordnung uns erbittert und die Verwirrung uns den Atem nimmt, die Türen unserer lächerlichen Élysée-Paläste eintreten, dort wo die letzten Fesseln langsam verrotten, man müsste die Saffianleder stibitzen, die Türsteher kitzeln, die Stuhlbeine anknabbern und nachts, unter den Harnischen, nach dem Licht suchen wie nach einer Erinnerung.

Ja, manchmal, wenn das Wetter allzu grau, der Horizont allzu trübe ist, müsste man die Schubladen öffnen, die Scheiben mit Steinen einschmeißen und die Papiere aus dem Fenster werfen. Dekrete, Gesetze, Protokolle, einfach alles! Es würde fallen, langsam sinken, in die Gosse regnen. Und sie würden durch die Nacht wirbeln wie die fettigen Papiere, die nach dem Jahrmarkt unter den Karussells kreiseln. Das wäre schön und lustig und erhebend. Glücklich würden wir zusehen, wie sie fallen und sich lösen, fliegende Blätter, unendlich fern ihrer zitternden Finsternis.

Inhalt

Die Folie Titon 5
Die Tombe-Issoire 12
Die Schulden 19
Zu den Waffen greifen 27
Schlaflosigkeit 35
Zitadelle 42
Paris 50
Die Menge 55
Ein Vertreter des Volkes 62
Das Arsenal 70
Die Zugbrücke 79
Die Krankheit der Abordnung 86
Ein Taschentuch 92
Eine Leiche 96
Ein Brett über dem Abgrund 103
Die Seiltänzer 109
Die Sintflut 116
Regen aus Papier 126

Die Übersetzerin dankt dem Deutschen Übersetzerfonds für die großzügige Unterstützung ihrer Arbeit.

Zweite Auflage Berlin 2019

Copyright © 2019
MSB Matthes & Seitz Berlin Verlagsgesellschaft mbH
Göhrener Str. 7 | 10437 Berlin
info@matthes-seitz-berlin.de

Copyright der Originalausgabe: © 2016 Actes Sud, *14 juillet*

Alle Rechte vorbehalten

Umschlaggestaltung: Dirk Lebahn, Berlin
Gesetzt aus der Coranto 2 von Hermann Zanier, Berlin
Druck und Bindung: Pustet, Regensburg
Printed in Germany

ISBN 978-3-95757-519-7

www.matthes-seitz-berlin.de